海上絲綢之路基本文獻叢書

南洋貿易論（下）

單岩基 編著

文物出版社

圖書在版編目（CIP）數據

南洋貿易論. 下 / 單岩基編著. -- 北京 : 文物出版社, 2022.7
（海上絲綢之路基本文獻叢書）
ISBN 978-7-5010-7691-8

Ⅰ. ①南… Ⅱ. ①單… Ⅲ. ①貿易經濟－介紹－東南亞 Ⅳ. ①F733.3

中國版本圖書館 CIP 數據核字 (2022) 第 091064 號

海上絲綢之路基本文獻叢書

南洋貿易論（下）

編　　者：單岩基
策　　劃：盛世博閱（北京）文化有限責任公司

封面設計：鞏榮彪
責任編輯：劉永海
責任印製：王　芳

出版發行：文物出版社
社　　址：北京市東城區東直門内北小街 2 號樓
郵　　編：100007
網　　址：http://www.wenwu.com
經　　銷：新華書店
印　　刷：北京旺都印務有限公司
開　　本：787mm×1092mm　1/16
印　　張：11.875
版　　次：2022 年 7 月第 1 版
印　　次：2022 年 7 月第 1 次印刷
書　　號：ISBN 978-7-5010-7691-8
定　　價：90.00 圓

總緒

海上絲綢之路，一般意義上是指從秦漢至鴉片戰爭前中國與世界進行政治、經濟、文化交流的海上通道，主要分爲經由黄海、東海的海路最終抵達日本列島及朝鮮半島的東海航綫和以徐聞、合浦、廣州、泉州爲起點通往東南亞及印度洋地區的南海航綫。

在中國古代文獻中，最早、最詳細記載『海上絲綢之路』航綫的是東漢班固的《漢書·地理志》，詳細記載了西漢黄門譯長率領應募者入海『齎黄金雜繒而往』之事，書中所出現的地理記載與東南亞地區相關，并與實際的地理狀况基本相符。

東漢後，中國進入魏晋南北朝長達三百多年的分裂割據時期，絲路上的交往也走向低谷。這一時期的絲路交往，以法顯的西行最爲著名。法顯作爲從陸路西行到印度，再由海路回國的第一人，根據親身經歷所寫的《佛國記》（又稱《法顯傳》）一書，詳細介紹了古代中亞和印度、巴基斯坦、斯里蘭卡等地的歷史及風土人情，是瞭解和研究海陸絲綢之路的珍貴歷史資料。

隨着隋唐的統一，中國經濟重心的南移，中國與西方交通以海路爲主，海上絲綢之路進入大發展時期。廣州成爲唐朝最大的海外貿易中心，朝廷設立市舶司，專門管理海外貿易。唐代著名的地理學家賈耽（七三〇～八〇五年）的《皇華四達記》記載了從廣州通往阿拉伯地區的海上交通『廣州通夷道』，詳述了從廣州港出發，經越南、馬來半島、蘇門答臘半島至印度、錫蘭，直至波斯灣沿岸各國的航綫及沿途地區的方位、名稱、島礁、山川、民俗等。譯經大師義净西行求法，將沿途見聞寫成著作《大唐西域求法高僧傳》，詳細記載了海上絲綢之路的發展變化，是我們瞭解絲綢之路不可多得的第一手資料。

宋代的造船技術和航海技術顯著提高，指南針廣泛應用於航海，中國商船的遠航能力大大提升。北宋徐兢的《宣和奉使高麗圖經》詳細記述了船舶製造、海洋地理和往來航綫，是研究宋代海外交通史、中朝友好關係史、中朝經濟文化交流史的重要文獻。南宋趙汝適《諸蕃志》記載，南海有五十三個國家和地區與南宋通商貿易，形成了通往日本、高麗、東南亞、印度、波斯、阿拉伯等地的『海上絲綢之路』。宋代爲了加强商貿往來，於北宋神宗元豐三年（一〇八〇年）頒佈了中國歷史上第一部海洋貿易管理條例《廣州市舶條法》，并稱爲宋代貿易管理的制度範本。

元朝在經濟上採用重商主義政策，鼓勵海外貿易，中國與歐洲的聯繫與交往非常頻繁，其中馬可·波羅、伊本·白圖泰等歐洲旅行家來到中國，留下了大量的旅行記，記録元代海上絲綢之路的盛况。元代的汪大淵兩次出海，撰寫出《島夷志略》一書，記録了二百多個國名和地名，其中不少首次見於中國著録，涉及的地理範圍東至菲律賓群島，西至非洲。這些都反映了元朝時中西經濟文化交流的豐富内容。

明、清政府先後多次實施海禁政策，海上絲綢之路的貿易逐漸衰落。但是從明永樂三年至明宣德八年的二十八年裏，鄭和率船隊七下西洋，先後到達的國家多達三十多個，在進行經貿交流的同時，也極大地促進了中外文化的交流，這些都詳見於《西洋蕃國志》《星槎勝覽》《瀛涯勝覽》等典籍中。

關於海上絲綢之路的文獻記述，除上述官員、學者、求法或傳教高僧以及旅行者的著作外，自《漢書》之後，歷代正史大都列有《地理志》《四夷傳》《西域傳》《外國傳》《蠻夷傳》《屬國傳》等篇章，加上唐宋以來衆多的典制類文獻、地方史志文獻，集中反映了歷代王朝對於周邊部族、政權以及西方世界的認識，都是關於海上絲綢之路的原始史料性文獻。

海上絲綢之路概念的形成，經歷了一個演變的過程。十九世紀七十年代德國地理學家費迪南·馮·李希霍芬（Ferdinad Von Richthofen，一八三三～一九〇五），在其《中國：親身旅行和研究成果》第三卷中首次把輸出中國絲綢的東西陸路稱爲『絲綢之路』。有『歐洲漢學泰斗』之稱的法國漢學家沙畹（Édouard Chavannes，一八六五～一九一八），在其一九〇三年著作的《西突厥史料》中提出『絲路有海陸兩道』，蘊涵了海上絲綢之路最初提法。迄今發現最早正式提出『海上絲綢之路』一詞的是日本考古學家三杉隆敏，他在一九六七年出版《中國瓷器之旅：探索海上的絲綢之路》中首次使用『海上絲綢之路』一詞；一九七九年三杉隆敏又出版了《海上絲綢之路》一書，其立意和出發點局限在東西方之間的陶瓷貿易與交流史。

二十世紀八十年代以來，在海外交通史研究中，『海上絲綢之路』一詞逐漸成爲中外學術界廣泛接受的概念。根據姚楠等人研究，饒宗頤先生是華人中最早提出『海上絲綢之路』的人，他的《海道之絲路與昆侖舶》正式提出『海上絲路』的稱謂。選堂先生評價海上絲綢之路是外交、貿易和文化交流作用的通道。此後，大陸學者馮蔚然在一九七八年編寫的《航運史話》中，使用『海上絲綢之路』一詞，這是迄今學界查到的中國大陸最早使用『海上絲綢之路』的人，更多地限於航海活動領域的考察。一九八〇年北京大學陳炎教授提出『海上絲綢之路』研究，并於一九八一年發表《略論海上絲綢之路》一文。他對海上絲綢之路的理解超越以往，且帶有濃厚的愛國主義思想。陳炎教授之後，從事研究海上絲綢之路的學者越來越多，尤其沿海港口城市向聯合國申請海上絲綢之路非物質文化遺産活動，將海上絲綢之路研究推向新高潮。另外，國家把建設『絲綢之路經濟帶』和『二十一世紀海上絲綢之路』作爲對外發展方針，將這一學術課題提升爲國家願景的高度，使海上絲綢之路形成超越學術進入政經層面的熱潮。

與海上絲綢之路學的萬千氣象相對應，海上絲綢之路文獻的整理工作仍顯滯後，遠遠跟不上突飛猛進的研究進展。二〇一八年厦門大學、中山大學等單位聯合發起『海上絲綢之路文獻集成』專案，尚在醖釀當中。我們不揣淺陋，深入調查，廣泛搜集，將有關海上絲綢之路的原始史料文獻和研究文獻，分爲風俗物産、雜史筆記、海防海事、典章檔案等六個類别，彙編成《海上絲綢之路歷史文化叢書》，於二〇二〇年影印出版。此輯面市以來，深受各大圖書館及相關研究者好評。爲讓更多的讀者親近古籍文獻，我們遴選出前編中的菁華，彙編成《海上絲綢之路基本文獻叢書》，以單行本影印出版，以饗讀者，以期爲讀者展現出一幅幅中外經濟文化交流的精美畫卷，爲海上絲綢之路的研究提供歷史借鑒，爲『二十一世紀海上絲綢之路』倡議構想的實踐做好歷史的詮釋和注脚，從而達到『以史爲鑒』『古爲今用』的目的。

凡例

一、本編注重史料的珍稀性，從《海上絲綢之路歷史文化叢書》中遴選出菁華，擬出版百册單行本。

二、本編所選之文獻，其編纂的年代下限至一九四九年。

三、本編排序無嚴格定式，所選之文獻篇幅以二百餘頁爲宜，以便讀者閱讀使用。

四、本編所選文獻，每種前皆注明版本、著者。

五、本編文獻皆爲影印，原始文本掃描之後經過修復處理，仍存原式，少數文獻由於原始底本欠佳，略有模糊之處，不影響閱讀使用。

六、本編原始底本非一時一地之出版物，原書裝幀、開本多有不同，本書彙編之後，統一爲十六開右翻本。

目録

南洋貿易論（下）

南洋貿易論（下）

章四至章十

單岩基 編著

民國三十二年申報館鉛印本

第四章　馬來

一、概論

（甲）地理

在南洋五大經濟單位之中、馬來之面積及人口、雖爲數最少、但在經濟或商業之重要性上却甚大、

馬來包括許多單獨之體位、環繞於亞洲大陸極東南端之馬來半島、共分爲三大行政區域：

（甲）海峽殖民地（The Straits Settlements）即：

檳榔嶼（Penang）、昭南島、麻六甲（Malacca）、天定（Dingdings）、威士利（Wellesley）等州、及附近數島、

（乙）馬來聯邦之各州（The Federated Malay States）即：

霹靂（Perak）、雪蘭莪（Selangor）、森美蘭（Negri Sembilan）、彭亨（Pahang）等州、

（丙）馬來屬邦之各州（The Unfederated Malay States）即：

柔佛（Johore）、吉礁（Kedah）、玻璃市（Perlis）、丁加奴（Trengganu）、吉蘭丹（Kelantan）等州、

在政治上、戰前全部均在英國統治之下、稱為直轄殖民地（Crown Colony）、或保護國、

（乙）面積與人口

面積總計五二、〇〇〇方哩、據一九三一年之人口調查、人口總計四、三八五、一一五人、包括華人一、七〇九、四〇〇人、馬來人一、九六二、〇〇〇人、印度人六二四、〇〇〇人、歐洲人一七、五四三人、歐亞雜種人一六、〇七二人、其他國籍者五六、一〇〇人、馬來佔世界橡膠、錫等產額之首席、此兩種貨物、代表世界大半之出產、集粉、檳榔、胡椒、波羅蜜、乾椰子肉、籐等產品、亦甚豐富、全埠之錢幣、權度衡等、均劃一制度、農業所用之土地、約佔總面積百分之十五、森林與種植約佔百分之廿七、礦區與廢地共佔百分之十三、

（丙）海峽殖民地

海峽殖民地為直轄殖民地、包括檳榔嶼二島及昭南島、威士利之三小洲居留地、天定、麻六甲、北婆羅洲附近之納閩島（Labuan Island）、及其他附近之數小島、為馬來最重要之部份、扼據要塞之地位、並操縱印度洋至太平洋主要之航路、總計面積祇一、五〇〇方哩、而人口（一九三一年人口調查）為一、一六八、八六〇人、人烟之密度每方哩計達七七九人、多半人口乃在昭南島、華人佔一半以上、其比例、華人佔一〇〇、馬來人佔四十三、印度人佔二十、歐洲人佔一・五、而歐亞雜種之居留民亦佔一・五、

昭南位於一極小而且極低伏之島上、從東到西約十四哩、由北至南約二十六哩、面積總計二〇六方哩、人口共約四十四萬餘人、人口之密度、每方哩在二、一七〇人以上、海峽殖民地之政府即建於

此城、大海軍根據地之建築、與英國在操縱東西門戶上以更大之保障、

檳榔嶼位於威士科附近之島上、面積爲一七〇方哩、人口約有四〇〇、〇〇〇人、從大陸上架有鐵路及渡船接運之、爲內地大宗橡膠產品、錫、以及熱帶產品唯一之出口地、次於昭南、爲海峽殖民地主要口岸、又爲歐洲、遠東、印度、澳洲之間、貨物存積及轉運之中心地、

麻六甲爲麻六甲州之口岸、位於馬來半島之東南端、雖有較早之歷史背景、但在其重要性上而言、尚次於昭南及檳榔嶼二地、該州面積爲六五九方哩、居民一八六、〇〇〇人、一部份低地雖富於生產、但麻六甲大部份皆係高原、對於擴大耕種、殊不適宜、故橡膠爲首要之產品、

（丁）馬來聯邦之各州

屬馬來聯邦之各州、包括霹靂、雪蘭莪、森美蘭、及彭亨等州、均係馬來半島之組成份子、戰前當地上權均歸英國保護、且每州皆駐有英國總督一人、面積總計二七、五〇六方哩、人口（一九三一年人口調查）爲一、七一三、九四一人、包括華人七一三、一七三人、馬來人五九〇、〇四五人、印度人三八三、四二九人、歐洲人六、三七五人、歐亞雜種人四、三六七人、其他國籍者共計二五、五五二人、橡膠之栽植、各處皆甚發達、椰子和棕櫚遍遍各海岸、而錫鑛以及其他麵粉等、亦爲重要之實業、

吉隆坡（Kuala Lumpur）爲馬來聯邦行政之首都、例如芙蓉（Seremban）、坡得申港、巴生港（Swettenham）、怡保（Ipoh）、肯打河流域（Kinta Valley）、太平（Taiping）等處經濟之活動、全依錫礦及橡膠事業爲轉移、

（戊）馬來屬邦之各州

柔佛、吉礁、玻璃市、吉蘭丹、丁加奴等州、戰前均屬於英國保護、並設若干英國顧問官、至於柔佛與英國之關係、則於一八八五年十二月十一日之條約、及一九一四年五月十二日之草約內規定之、因此國王極情願接受英國總顧問官之指導執行事務、並又成立參事會協助國王辦理行政工作、該會中又有兩位非官塲之歐洲會員、其他四州之君主、保護、行政、管理等權、在一九〇九年三月十日英暹條約中、由泰國轉與英國、所有四州之統治者、均有參事會助理行政事務、英政府委派每州之顧問官、皆握有極大之權勢、

此區之面積總計二三、五〇〇方哩、人口（一九三一年人口調查）總計一、四九三、三一四人、包括華人三三四、三三四人、馬來人一、〇一六、七三〇人、印度人一〇三、二七二人、歐洲人一、一六五人、歐亞雜種人四一三人、其他國籍者三七、四〇〇人、

各州經濟之特性、幾完全相同、橡膠與錫爲兩大主要產品、以乾椰子肉、胡椒、籐、樹膠、檳榔等次之、

二、經濟情形之概論

（甲）簡史

缺少較早文化之馬來、在以前並不著名於世、直至歐人來臨之後、在地理上及商業上、雙方先後均成爲要地矣、一五七八年弗郎細斯都雷克爵士（Sir Francis Drake）在檳榔嶼登陸、亦即海峽殖民地歷史之開始、當時、西班牙、葡萄牙、荷蘭、英國等國皆係貿易上之競爭者、在此大海洋內可稱

劇戰最烈之時期、在十七與十八世紀時、英國被逼在此區域內、不得不設立港口、力圖將荷蘭之勢力、逐出麻六甲以外、結果遂告成功、在以前之昭南不足注意、直至一八一九年時、從哥丹福雷富爾 (Sir Stamford Raffles) 爵士所奏效之計劃上、遂據爲英國所有、最先係由柔佛王手得一租界地、之後再設法抵禦其他侵佔者、最後始完成彼之計劃、

英國勢力、曾普遍於馬來及附近各島、及至相當時期、海峽殖民地又成爲英國直轄之殖民地矣、而當地主權在馬來聯邦之名稱下、反變爲英國之保護國、柔佛州在一八八五年十二月間、始爲英國保護、至於其他馬來屬邦各州之君主、保護、行政、管理等權、在一九〇九年三月十日之英暹條約中、由泰國轉與英國、馬來經濟之發達、得有今日、全在乎此、

（乙）先前之貿易

與附近各地及遠東之間最早之貿易、是經亞洲大陸、全由陸路上往來經商、當時阿剌伯商人最爲活動、而中國絲皆能輸出遠至西方之羅馬、在一二七五年、馬哥孛羅 (Marco Polo) 爲歐人中遠行來華之第一人、當彼回國時、對於中國之壯麗光輝、大加讚揚、因此引起歐人東來之興趣、認爲遊記中之美談、再如謠傳南洋有豐富之金子及寶貴之香料等等故事、更驅使一般歐洲人、尋出一條水路到印度及中國、如此在一四九二年時、致有哥倫布錯認西印度羣島爲東方之誤、當時彼認爲通至印度之海路似已覓得、其實彼不過祇航過大西洋耳、

十六世紀時、環球之海路均已發現而建定、繼此發現之後、葡萄牙人、西班牙人、荷蘭人、英吉利人、四出世界各部搜索貿易、當時與南洋往來之商業、一度認爲最得利、同時亦認最爲投機之生意

、故有許多幸運之人、無不大獲其利、而一般不幸者、遂即傾家蕩產、

因地理地位之優越、馬來及海峽殖民地、在一般勁敵貿易國家中、爲貿易與政治特勢之衝門上、自有相當之歷史、英國人曾在馬來將其他前輩之勢力、一概逐出門外、尤以在麻六甲根深蒂固之荷蘭人爲最、而獲得此種至尊之統治、實爲至難之事也、

（丙）經濟狀況

馬來在世界貿易之利益上、以商業地位爲首、從附近許多鄰國、購進物品、再重輸至其他各國、易言之、馬來一方購進、一方再售出、在出口之盈餘上、所獲已頗可觀矣、馬來集中資金與精力、儘量發展橡膠與錫之生產、因歐美各國之實業、消耗此兩種貨物之數量頗鉅、故其經濟亦非常興旺、而頗能發展之各種農產品、反因羣衆被橡膠優厚之利益所吸引而輕視或犧牲之、又因物價劇烈變動、促成歷史上之興盛時期而轉爲衰敗、世界製造業之跌價、即減少橡膠與錫之需要量、嗣後此種不景氣現象、在一九二九年秋擴至美國、當時、實爲馬來非常嚴重之時期、蓋因美國之消耗者、平常向馬來所購之橡膠與錫兩種貨物、佔其產額在一半以上、初產品之價格、全球愈見暴跌、則別種貨物愈受影響、而事業愈不易振興、例如棕欖油、乾椰子肉、波羅蜜等、祇在近來始較爲注意、處於此種情形之下、該計延一九三〇年時該國有史以來最劣之局面、直至一九三四年、橡膠與錫之實業、始略現更生之氣、而近年來則愈見蓬勃之象也、

自引用國際管理橡膠與錫之計劃以來、使此兩種貨物之價格、轉爲騰貴、市面亦復活躍、因此兩種貨物、爲國內經濟及當地興旺所組成之脊骨、故在一九三四年初、不景氣之煙霧、逐漸清朗、進出

口之價値亦均增加不少、但仍未全部恢復、而最近該國集合貿易之趨勢、則又復向上矣、

運用方法使之復興、仍爲最所希望之事、若與其他各國相比、足能引起疲憊與妒忌等境遇、環境雖時常變遷、但橡膠可以種植、錫鑛可以開發、在地球上處於有限制及特殊區域之內、如此兩種物品、仍俟運用心力之人、繼續發明更多新穎用途、再候數年或能見之、馬來之經濟政策、將根據節制之原理、再圖復達最康健之興盛、此係復興最佳之方法也。

（丁）外國投資

關於外國之投資、能採用較確實之資料、可謂極少、一九三一年份美國在馬來之投資、估値二七、二〇三、〇〇〇元、包括直接之投資、列於下項：

橡膠	美金	一九、二七三、〇〇〇元
石油	美金	二、三〇一、〇〇〇元
零售	美金	三三四、〇〇〇元
雜項	美金	五、二九五、〇〇〇元

美國在馬來之資金、大半爲投資於橡膠業上、及其他採辦、運輸、生橡膠等機關、此乃至爲顯然、而美國資金、在開發錫鑛方面、及石油產品貿易上、亦頗有興趣、

在一九三〇年十二月末、金來斯雷氏（Kindlesley's table）所編投資於國外之英資分配表內所載、英資投於馬來之數字、不但祇包括英屬領土、且亦包含在馬來半島及東印度羣島之各部、英國在馬來投資之總額、估値一〇八、〇〇〇、〇〇〇英鎊、茲分爲以下諸項：

政府與地方之債券　四、〇〇〇、〇〇〇英鎊
公　用　四、〇〇〇、〇〇〇英鎊
鑛　業　八、〇〇〇、〇〇〇英鎊
雜　項　九二、〇〇〇、〇〇〇英鎊

以上之投資、包括東印度之投資在內、數額似乎較鉅、一九二九年在東印度羣島之外國投資數額估值六四八、〇〇〇、〇〇〇荷盾（荷蘭銀幣）、其中屬於英國部分者約有一〇、〇〇〇、〇〇〇英鎊、多半均投資於橡膠事業、

最末爲華人之投資、但其數額亦非最少、關於華人在馬來所投之資金、並無可靠記錄、可以利用以證實之、而在事實上、華人人口却佔海峽殖民地及馬來聯邦人口總額在半數以上、彼等均係經營商店、小規模之農業及錫鑛業等、——並非大林場、或開鑛家——由此足以表示華人在馬來濃厚之經濟實力、亦係不易勝過之鐵證也、尚有許多較富之中國投資家、已成爲馬來永久居民、每年匯回中國之匯欵數額、若與彼等之投資額相比、仍爲極少之數額耳、馬來百分之九十之捐稅、均由當地華人方面徵收而來、由此可想華人在該處之投資額、若與其他國籍者相比、其偉大勢力可見一斑矣、

（戊）商業實務與組織

馬來之商業組織、與東印度相同、在進出口貿易上、外人佔卓越之地位、而華人在零售貿易及中間商々業上、亦頗爲重要、除去大量生產家以外、本地馬來人及印度人、在馬來之貿易上、無足輕重、

多半之進出口貿易、乃操縱於外人之手、尤以英人為最、彼等一方面向本地中國商人處購進所謂「海峽土產」、運至歐、美、日、甚至中國等處、另一方面再從該等國內、進口大宗製造品、分售與許多華人商店、在出口貿易上、凡屬搜集、清潔、分級、及包裝鄰近各島產品等工作、均由華人操之、厥後方轉入出口商之掌中、再運往歐美、同時華人又為進口商及消費者間之聯絡人、華人雖能熟習馬來之財源及需要等情形、但在進口或出口貿易上、始終未達重要之地位、多半華僑商行、皆係個人或家庭之事業、在技術上或財政上、均不完備、故未能經營大宗營業、華人中雖有不少之富商、但並無眞正大商業之組織、以代外人之進出口商行、此等歐美商行、又兼營轉運與保險等營業、彼等均有充實之財源背景、且全球均設有組織完善之分行、使在進口貿易上、有得利之地位、此種利益、足使彼等以現款由華人方面購貨、或讓以六十日至九十日之長期、再賒售貨物與華商、據馬來華僑之意見、倘有相當財政上之妥洽、彼等極能將南洋之橡膠、鑵頭波羅蜜、貝殼、海產、樹膠、樹脂（做賽璐珞用）、胡椒、西米、以及其他熱帶產品、從外商手中奪來、直接運往歐美以及中國各廠家、但因目下財政後盾非常薄弱之關係、遂不能達到目的、暢其所欲云、

（巳）商業機關

在馬來多半之商業中心——尤以昭南及檳榔嶼二地為最——各國商人、以彼此之間、互相保護、合作、增進商業之利益為宗旨、皆各自組成許多商會、在昭南及檳榔嶼之英國商會、代表進出口商之利益、十分發達、凡馬來之貿易、與會員特別利益有關係者、除出版定期刊物外、並隨時傳發信札通告各會員、

在同一宗旨之下、華人亦在各地組織商會、最著名者爲昭南、檳榔嶼、芙蓉（Seremban）、山打根（Sandakan）等數處、此等商會、不但對中國商人、有極大贊助、即對增進華人社會公益事業、亦相當重要、

政府設有統計部、凡關於海峽殖民地之貿易、馬來聯邦之公益事業、及經濟之進步等等、每年均有簡短之統計概論、

三、國際貿易

（甲）國際貿易之意義

組成麻六甲海峽之馬來、勢能支配印度洋接連太平洋主要之海路、昭南與檳榔嶼兩大港、爲歐洲與遠東及東印度羣島與澳洲貿易上重要之分配中心、不但歐洲製造品能運來分配於遠東市場、即東方之原料亦能搜集後運至世界各實業中心、

馬來之橡膠與錫兩大重要物品、爲世界上最大之出產地、此外尚產大量之食料及原料、因此馬來在今之重要、不但爲貨物存積之支配地、即對於現代實業經濟上、亦爲重要之分配者、

馬來位於赤道帶以內、爲理想中唯一適合種植橡膠之地、自從巴西進口種子以後、在一九〇〇年起、該業即扶搖直上而發達之、錫鑛在三十年前時、亦非常發達、在西方資本未發生興趣之前、已早爲華人舊操之業矣、該二業大量生產之發達、大都因爲馬來人口、負有混雜性之故也、

（乙）進出口業

從該國之進出口貨物上、即知馬來爲世界重要分配中心之一、例如、馬來一方爲大宗錫之出口者

、同時亦爲錫之進口者、至於其他製造品、其情形亦同、馬來進口疋頭貨、且又出口大宗疋頭貨、因此將馬來之進出口、列成爲表、包括雙方、如橡膠、錫、棉紗、疋頭、衣着、鋼鐵製品、汽車及車輛、石油、機油、汽油、咖啡、魚類、豆類、米、煉乳、胡椒、西米、糖、烟、檳榔、椰子肉、樹汁膠等物、農產品之數額、頗有限制、人口逐漸增加、國內所產之米、蔬菜、家畜等均不敷需要、馬來一部份進口貨物、乃爲國內消費而進口、易言之、因該國本身之產品、及在附近各地搜集之物品、大都共同出口之故、茲將馬來之進出口貨物、列表如下：

馬來主要出口貨物表（一）

（價值叻幣千元位）

年份	一九二五年			一九二六年			一九二七年		
貨名	數量	價值	百分比	數量	價值	百分比	數量	價值	百分比
橡膠	三一七	七四六、三二八	五八·五	三九一	七二一、三〇二	五六·二	三七一	三一九、四六五	四八·七
錫（製造）	七九	一七五、三〇三	一四·七	七六	一八五、五二六	一四·七	八四	二〇六、五七一	一九·三
汽油	一九〇	五五、一七五	四·一	二〇五	五七、四八六	四·五	二〇二	四八、八三四	四·六
乾椰子肉	一五五	四二、一一〇	三·五	一八五	三六、九八八	二·九	一四三	二六、五七八	二·五
米	二四七	三一、二二二	二·四	二八一	三六、六一三	二·九	二九四	三五、九九二	三·四
魚（乾、鹹）	五九	一四、一〇五	一·一	六〇	一五、一六一	一·二	五九	一四、三〇九	一·三
檳榔子	五九	一八、二九五	一·四	六五	一七、三六八	一·四	五〇	一〇、三〇〇	一·〇
胡椒	一五	一〇、一四三	〇·八	一四	一三、二九二	一·〇	一三	一六、七六二	一·六
石油	六四	一〇、〇七六	〇·八	六二	九、二八三	〇·七	九三	一三、五八七	一·二
捲烟	八·〇	一二、三四八	一·〇	五·四	九、九八八	〇·八	四·三	八、五九八	〇·八
棉織品	五七	一四、九九四	一·二	四九	一二、四二九	一·〇	四八	一一、七七二	一·一
罐頭波羅蜜	四三	八、二三七	〇·六	四一	七、六七〇	〇·六	四〇	八、二九七	〇·八

附註：數量除捲烟爲百萬磅位及棉織品爲百萬噸位外、其餘均爲千噸位、

318

馬來主要出口貨物表（二）（價值叻幣千元位）

貨名	一九二八年 數量	一九二八年 價值	一九二八年 百分比	一九二九年 數量	一九二九年 價值	一九二九年 百分比	一九三〇年 數量	一九三〇年 價值	一九三〇年 百分比
橡膠	三〇九	三二九、七九〇	三八・八	五七七	四三二、六四四	四六・五	五五四	二四〇・三三五	三六・二
錫（製造）	九九	一九一、二七九	二二・四	一〇二	一八二、一二九	一九・六	九七	一二三・七七二	一八・七
汽油	一八四	三四、九五四	四・一	一九四	三六、五三〇	三・八	四四三	八三、二二八	一二・五
乾椰子肉	一八三	三四、一六五	四・〇	一九九	三二、九二五	三・五	一九二	二六、二四三	四・〇
米	二八〇	三三、七八〇	三・九	二三四	二八、〇三一	三・〇	二〇〇	二三、五六二	三・五
魚（乾、鹹）	五八	一四、四七〇	一・七	五五	一四、〇〇二	一・五	五三	一二、三七九	一・九
檳榔子	六九	一二、一九六	一・四	七二	一四、四二二	一・六	六六	一一、三九五	一・七
胡椒	一五	一八、四二五	二・二	一三	一七、五八六	一・九	一四	九、〇一二	一・四
石油	一二	一二、〇六九	一・四	一〇〇	一〇、五四八	一・一	一二〇	一二、八五二	一・九
捲烟	四・〇	八、〇二五	一・〇	三・七	七、四三七	〇・八	二・七	五、〇三四	〇・八
棉織品	四〇	九、六六八	一・一	四〇	九、三〇八	一・〇	三三	六、三六九	一・〇
罐頭波羅蜜	四〇	八、四三二	一・〇	五九	九、二三四	一・〇	五八	七、八五九	一・二

附註：數量除捲烟爲百萬磅位及棉織品爲百萬噸位外、其餘均爲千噸位、

219

馬來主要出口貨物表（三）　（價值叻幣千元位）

年份	一九三一年			一九三二年			一九三三年		
貨名	數量	價值	百分比	數量	價值	百分比	數量	價值	百分比
橡膠	五三〇	一二八、三四〇	二八・九	四七八	七七、八〇三	二一・二	五七三	一二三、四四〇	三〇・四
錫（製造）	八四	八三、四七八	二〇・四	四八	五五、六八七	一五・二	五四	八八、七一六	二二・〇
汽油	五五五	六八、一八六	一五・五	二七三	四六、六九八	一二・七	二五七	三二、四五五	八・一
乾椰子肉	一八八	一六、四〇八	四・〇	一九七	一九、一四七	五・二	二二一	一四、八八〇	三・七
米	一七四	一三、三三八	三・三	一八五	一三、六六五	三・四	一五九	九、四四一	二・三
魚（乾、鹹）	四八	九、四七四	二・三	四七	八、四二〇	二・三	四七	七、三六二	一・八
檳榔子	五八	六、九六四	一・七	五八	六、〇八五	一・七	五五	四、三五〇	一・一
胡椒	一二	五、九二八	一・四	一六	六、五九三	一・八	一六	五、八八九	一・五
石油	一〇三	一三、一〇七	三・九	六九	八、九八九	二・四	六六	七、七二四	一・九
捲烟	五・五	一三、六七八	三・四	一・一	一、五三三	〇・四	一・一	一、二三〇	〇・三
棉織品	三一	四、五〇〇	一・一	五一	五、七三一	一・六	四九	四、九六〇	一・二
罐頭波羅蜜	五九	七、〇八五	一・七	六六	七、九一五	二・二	六〇	六、三六五	一・六

附註：數量除捲烟爲百萬磅位及棉織品爲百萬碼位外、其餘均爲千噸位、

馬來主要出口貨物表（四）

（價值叻幣千元位）

年份	一九三四年			一九三五年			一九三六年			一九三七年		
貨名	數量	價值	百分比	數量	價值	百分比	數量	價值	百分比	數量	價值	百分比
橡膠	六六三	二七二、五三〇	四八・〇	三七七	二五二、五〇〇	四三・四	五〇三	二九二、六四三	四五・九	六六二	四六九、二三三	五一・八
錫（製造）	五〇・二	九六、七二五	一七・〇	六二・三	一二七、二九四	四・七	八三・五	一四一、三五三	二三・一	九五・一	一八九、七六九	二〇・九
汽油	三三一	三六、四七八	六・四	三五五	四〇、三三八	六・九	二四一	二七、四五二	四・三	三三三	三七、七八〇	四・一
乾椰子肉	一九〇	九、九八〇	一・七	二一七	一六、八五六	二・九	一九六	一九、〇三七	三・〇	二〇一	三二、七九四	三・六
米	一六六	八、六一〇	一・五	一八五	一一、〇八三	一・九	一八二	一〇、八四六	一・七	一三八	九、五八九	一・一
魚（乾、鹹）	五〇	七、二六九	一・二	四六	六、四九四	一・一	四九	六、九八五	一・一	四九	六、九二一	〇・八
檳榔子	六五・九	五、四七三	〇・九	六四・八	六、七〇二	一・二	七一・七	七、五二八	一・二	八三・二	一〇、三七八	一・一
胡椒	二〇	二、一三六	二・〇	三三	二、二六八	二・一	二一	二、五六七	〇・四	二一	二、八九三	〇・三
石油	五四	五、七九六	一・〇	七三	八、〇七六	一・四	九三	一〇、三一六	一・六	八九	九、七七二	一・一
捲烟	一・五	一、五七七	〇・三	一・七	一、九二八	〇・三	二・〇	二、三二八	〇・三	二・二	二、四五二	〇・二
棉織品	千萬碼 五・〇三	六、〇一五	一・〇	千萬碼 四・五三	五、〇一八	〇・九	千萬碼 二・六五	四、二七二	〇・七	千萬碼 三・八九	四、八七八	〇・五
鏍頭波羅蜜	六七	七、〇二七	一・二	七四	八、五三一	一・四	七六	八、六八七	一・三	一・四	一四〇	〇・〇二

附註：數量除捲烟爲百萬磅位及棉織品爲百萬噸位外、其餘均爲千噸位、

221

馬來主要進口貨物表（二）（價值叻幣千元位）

貨名	一九二五年 數量	一九二五年 價值	一九二五年 百分比	一九二六年 數量	一九二六年 價值	一九二六年 百分比	一九二七年 數量	一九二七年 價值	一九二七年 百分比
米	六五〇	八〇、六五〇	八·四	七五五	九八、三七八	九·四	八四〇	一〇四、三五五	一〇·四
橡膠	一五九	二三七、六一七	二四·七	一五二	一七〇、四九七	一六·八	一八五	一七一、九一五	一七·一
汽油	三二六	六三、五四六	六·六	二七三	七五、二六九	七·四	三六九	六五、四三六	六·五
石油	一一〇	一八、〇九五	一·九	九二	一五、一二四	一·四	一三五	一八、九五一	一·九
錫苗	三九	六〇、九八四	六·三	三七	六二、五九八	六·二	四三	七五、三六二	七·五
流質燃料	三〇四	一一、九九二	一·二	三四七	一三、〇五七	一·三	四七五	一八、九八六	一·九
棉織品	—	五三、五三二	五·五	—	五八、六一五	五·九	—	五一、〇三五	五·二
捲烟	一五	二九、一二九	三·〇	一二	二七、一〇二	二·七	一二	二六、三三四	二·七
煉乳	一、〇八〇	一三、七七九	一·四	一、一七九	一五、八五七	一·六	一、二三五	一六、一五一	一·五
乾椰子肉	六〇七	一三、〇三六	一·四	八一	一五、一七八	一·五	五七	一〇、〇四〇	一·〇
魚(乾、鹹)	三五六	一三、八八九	一·四	三五七	一五、七三一	一·五	三五五	一三、四六〇	一·五
糖	一二四	一五、九四二	一·七	一〇九	一五、一六九	一·五	一二二	一五、三六七	一·五
煤	六二七	八、〇五二	〇·八	七九三	九、五四五	〇·九	八七六	一〇、九七五	一·一

附註：數量除捲烟爲百萬磅位及煉乳爲千箱位外、其餘均爲千噸位、

馬來主要進口貨物表（二）（價值叻幣千元位）

年份	一九二八年			一九二九年			一九三〇年		
貨名	數量	價值	百分比	數量	價值	百分比	數量	價值	百分比
米	八〇四	九五、四七五	一一・〇	七八六	九五、四六一	一〇・九	八〇〇	八七、六六七	一二・三
橡膠	一三〇	八八、四二八	一〇・二	一六二	八一、六二三	九・二	一三六	四三、一六七	五・九
汽油	二九一	五五、三二〇	六・四	二八〇	五八、九三七	六・一	五四七	一〇三、三〇四	一四・五
石油	一四七	一五、六四〇	一・八	一三四	一七、三八六	二・〇	一三八	一六、九〇六	二・四
錫苗	四四	六六、九五〇	七・七	四九	六二、八一四	七・一	四七	四〇、七四五	五・七
流質燃料	五二五	二一、〇四八	二・四	五四七	二二、二二五	二・五	六五四	二五、六一六	三・六
棉織品	—	四二、三二〇	四・九	—	五一、五五八	五・九	—	二八、〇三五	四・〇
捲烟	二	二六、六三六	三・一	二	二七、四四四	三・一	九	二二、九三五	三・一
煉乳	一、三二二	一六、五九一	一・八	一、四五六	一五、八九六	一・八	一、二二九	一三、七四七	一・八
乾椰子肉	八七	一五、四九六	一・八	八六	一三、二六二	一・五	九〇	一〇、九三五	一・四
魚（乾、鹹）	五一	一五、九九六	一・六	四七	一三、一一七	一・五	四六	一一、七五四	一・六
糖	一一五	一二、九〇五	一・五	一一四	一二、三一六	一・四	一二三	九、四六五	一・四
煤	八一二	九、七六八	一・一	八三二	九、六一六	一・一	六八五	七、〇三九	一・〇

附註：數量除捲烟為百萬磅位及煉乳為千箱位外、其餘均為千噸位、

228

馬來主要進口貨物表(三)· 價值叻幣千元位

年份	一九三一年			一九三二年			一九三三年		
貨名	數量	價值	百分比	數量	價值	百分比	數量	價值	百分比
米	六九一	四八、四五八	一〇·六	五九二	三九、七二九	一〇·三	五九二	三三、八四五	九·四
橡膠	一二五	一八、八八一	四·一	九五	九、七四〇	二·五	一六七	二〇、九二〇	五·八
汽油	三五五	六八、一八六	一四·九	三一九	五五、五九一	一四·五	三〇五	三九、七三六	一一·〇
石油	二〇九	一三、一〇七	二·六	九五	一三、七四七	一·五	九九	一一、五〇〇	三·二
錫苗	四四	三〇、一四九	六·六	二八	二三、七四五	五·九	二五	二五、九八二	七·二
流質燃料	三〇七	一九、七五六	四·三	三八七	一五、一一五	五·四	三〇七	一〇、一九一	二·八
棉織品	—	一八、三〇八	四·〇	—	三五、〇八六	六·一	—	三一、六四三	六·〇
捲烟	五	一三、六七八	二·七	五	一〇、六二四	三·八	七	一〇、六九〇	三·〇
煉乳	一、〇三三	九、九四五	二·二	八四六	七、八八五	一·七	八九八	六、一〇〇	一·七
乾椰子肉	八七	六、七五一	一·五	一〇〇	八、三八〇	一·五	一〇〇	五、八八〇	一·六
魚(乾、鹹)	四四	一七、六五四	一·七	四四	六、四六八	一·七	四六	六、四八〇	一·八
糖	一〇〇	七、三〇一	一·六	九七	七、一〇五	一·二	八七	六、一五一	一·七
煤	五五〇	四、八七八	一·一	五三九	四、四四五	一·二	五五四	四、三〇〇	一·二

附註:數量除捲烟爲百萬磅位及煉乳爲千箱位外、其餘均爲千噸位

馬來主要進口貨物表（四）（價值叻幣千元位）

貨名＼年份	一九三四年 數量	一九三四年 價值	一九三四年 百分比	一九三五年 數量	一九三五年 價值	一九三五年 百分比	一九三六年 數量	一九三六年 價值	一九三六年 百分比	一九三七年 數量	一九三七年 價值	一九三七年 百分比
米	六一九	三三、八一四	七·〇	六五六	四〇、二一五	八·四	七一六	四三、〇五四	八·四	七二二	四七、八〇〇	六·八
橡膠	三三	七二、七七〇	一五·三	一七五	六七、九六六	一四·二	一六八	九四、八三四	一八·七	二二三	一四三、四七九	二〇·五
汽油	四〇五	四七、一〇九	一〇·〇	四一七	四七、七〇六	一〇·〇	三三二	二六、七七七	五·三	四三四	四九、一五二	七·〇
石油	九二	九、三三四	二·〇	一一五	一一、八八七	二·五	一三五	一四、〇六七	二·七	一二五	一三、一七四	一·九
錫苗	三三	二八、六一七	六·一	三三	二七、六八二	五·八	二七	三〇、六六五	六·〇	三一	四二、六三二	六·一
流質燃料	三四七	一一、〇六七	二·五	三八六	一一、九一四	二·五	五二八	一七、〇七八	三·四	七〇一	三三、四八五	五·三
棉織品	—	二〇、八一四	四·四	—	一六、八二八	三·五	—	一七、八八六	三·五	—	二六、三七五	三·八
捲烟	九	一三、三八九	二·八	九	一四、三五九	三·〇	一一	一四、五三〇	二·八	一四	一七、一七六	二·四
煉乳	一、〇五三	六、五三七	一·四	一、一五五	七、〇五五	一·五	一、一七一	七、一五八	一·四	一、五三二	九、三一二	一·五
乾椰子肉	九五	四、一一五	〇·九	一〇六	七、三五六	一·五	一二〇	一〇、八〇三	二·一	一二五	一三、五八七	一·九
魚（乾、鹹）	五五	七、八〇三	一·七	四五	六、八〇六	一·四	四九	七、一六四	一·四	四七	七、四三六	一·〇
糖	一〇六	六、七〇二	一·四	一一六	六、七六〇	一·四	一二八	七、六七七	一·五	一三六	九、〇三二	一·三
煤	五五六	四、〇八〇	〇·八	五七七	四、三六八	〇·九	五八九	四、二三七	〇·八	七二七	六、四三六	〇·九

附註：數量除捲烟爲百萬磅位及煉乳爲千箱位外、其餘均爲千噸位、

225

（丙）貿易平衡

馬來因在世界貿易上之利益、乃以商賈爲主、且有許多引證、以資證明、復因進口後、專爲重出口之關係、所以出口之盈餘、即係彼之鉅利、馬來能維持貿易上之出超、即因橡膠及錫兩大出口、最爲興旺之故、此極爲顯然之事實也、並能容納大量移民之入口、該兩大重要貨物、對馬來之興盛基礎、從一九二七年——一九三七年之事實上、即可斷定、即以橡膠一項而論、平均佔出口總額百分之四十左右、錫佔百分之二十左右、繼此兩種貨物之外、馬來尚須依靠食料之購進、緣馬來土人所耕種之農產、尚不足供給自用、國內米產、又不及三分之一之需要、橡膠及錫之大量生產、爲馬來經濟中心之重要事業、故馬來政府之志願、頗欲從事統制此兩種貨物、其計劃即力圖減輕此種長期之不景氣、馬來與其他出口國不同之點、即在乎經濟要素之尋常需要上、所受損失、比較消費國排斥其產品所應收之關稅更鉅、

此種情形、足以反映馬來之貿易平衡、其影響頗大（見下表）、當一九二五年及一九二六年、橡膠興盛時期、馬來之淨出口盈餘各爲三一三、〇〇〇、〇〇〇元、及二五九、〇〇〇、〇〇〇元、在一九二七年錫與橡膠相繼崩潰後、跌至七一、〇〇〇、〇〇〇元、在一九三〇年爲不景氣之極點、入超數竟達四八、〇〇〇、〇〇〇元、政府被逼對於許多失業移民工人、設法遣回本國、並鼓勵彼等發展農業、此種憂慮不安之狀況、自一九三一年起直至一九三二年止、在一九三三年起貿易始見好轉、嗣後出超額逐年劇增、

馬來每年貿易平衡表　（單位百萬海峽銀幣）

年份	進口	出口	總額	出超	入超
一九二四年	六五三	七二〇	一、三七三	六七	—
一九二五年	九六八	一、二八一	二、二四九	三一三	—
一九二六年	一、〇〇四	一、二六三	二、二六七	二五九	—
一九二七年	九九一	一、〇六二	二、〇五三	七一	—
一九二九年	八八一	九二五	一、八〇六	四四	—
一九三〇年	七〇六	六五八	一、三六四	—	四八
一九三一年	四六二	五三二	九九四	七〇	—
一九三二年	三八四	三六八	七五二	—	一六
一九三三年	三六二	四〇三	七六五	四一	—
一九三四年	四六七	五六六	一、〇三三	九九	—
一九三五年	四七五	五八二	一、〇五七	一〇七	—
一九三六年	五〇八	六三七	一、一四五	一二九	—
一九三七年	六九八	九〇五	一、六〇三	二〇七	—
一九三八年	五五九	五八一	一、一四〇	二二	—
一九三九年	六二八	七五〇	一、三七八	一二二	—
一九四〇年	八三三	一、一二七	一、九六〇	二九四	—

四、與主要各國之貿易

馬來與世界主要各國之貿易、可分爲三大部份：

（一）與馬來貿易出超之各國、

（二）與馬來貿易入超之各國、

（三）進出口貿易維持均衡之各國、

屬第一部份者爲美國、澳洲、日本三國、

（甲）與美國之貿易

與美國之貿易、馬來則佔極優勝之地位、自一九二四年至一九三七年之間、其出口常較進口大十倍以上、以百分率表示、則馬來之出口、佔出口總額自百分之一九・四（在一九三二年時例外降低）至百分之五〇・九不等、而從美國之進口、佔全年進口總額自百分之一・五至三・六、以價值表示、其分別更爲顯著、出口自七二、三六一、〇〇〇元、至六四三、二二九、〇〇〇元、進口自七、二八七、〇〇〇元、至三四、八六六、〇〇〇元、

美國爲馬來橡膠及錫產品之最大顧主、計佔橡膠及錫之出口總額、在一半以上、乾椰子肉、胡椒、及其他次等出口物品、約佔百分之十、而從美國裝回者、祇能供給馬來少數之烟草、鋼鐵、並包括汽車等貨品、

在一九二五年、美國始參加馬來橡膠及錫之市場、馬來輸往該國之貨物、佔總額百分之五十、該時全國均甚繁盛、但美國自從馬來購貨價值及百分率雙方降低之後、該業亦即突然劇降而衰落、一九二六年時、橡膠價格之暴跌、一九二七年時、錫又隨之而崩潰、馬來遂即陷入不景氣期中、在一九三〇年——一九三二年時、美國之交易可爲最低、出口數額爲七二、三〇〇、〇〇〇元、佔百分之十九

．四、若與一九二五年之六四三、〇〇〇、〇〇〇元、佔百分之五十相比、則其當時之狀況、相當劇烈也、自一九三三年後、不景氣象漸見消除、而各業又恢復興盛狀態、故進出口數額亦逐年增加矣、

下列之表、以示美國對馬來橡膠及錫業之重要、並按序表明輸往各國出口總值之百分率、

馬來橡膠出口價值及百分率表（價值叻幣千單位）

年份	一九三一年		一九三二年		一九三三年		一九三四年		一九三五年		一九三六年		一九三七年	
國別	價值	百分率	價值	百分率	價值	百分率	價值	百分率	價值	百分率	價值	百分率	價值	百分率
美國	七六、六八三	六八・六	四三、六七五	五六・八	六六、二七八	六六・七	一三〇、〇八九	四七・八	一三〇、四九〇	五二・七	一八五、六〇八	六三・五	二五八、八七四	五三・四
英國	一七、八一八	一五・一	一〇、八五六	一四・〇	一三、〇二二	一二・六	五九、九二六	二三・〇	五〇、三八二	二〇・〇	二二、七六三	七・八	五七、八六八	一一・九
法國	五、五九一	四・七	四、八二八	六・二	八、五一四	八・〇	二〇、八九〇	七・七	二〇、〇四四	七・九	二七、六九六	九・五	五八、八〇八	一二・一
中國	一、一二九	〇・九	六二六	〇・八	七四一	〇・六	一、三〇五	〇・五	一、一五七	〇・五	一、七六九	〇・六	九一九	〇・二
日本	七、一五三	六・〇	七、二三三	九・四	一〇、三八一	八・七	二一、四八〇	七・八	一八、四四五	七・三	二三、七四五	八・一	二六、一七三	五・三
荷蘭	八六二	〇・七	五五二	〇・七	一、八三〇	一・五	四、六二一	一・七	一、二九二	〇・五	三六七	〇・一	一、五三九	〇・三
德國	四、二二〇	三・五	三、二六七	四・三	四、六五八	三・九	七、〇〇六	二・六	四、六二三	一・八	三、五六八	一・二	一七、八一三	三・六
總額包括其他各國	一一七、八六八	—	七六、六九三	—	一一九、二九五	—	二七一、九四五	—	二五二、三三二	—	二九三、三二九	—	四八四、六六二	—

馬來鑛錫出口價值及百分率表（價值叻幣千單位）

年份	一九三一年		一九三二年		一九三三年		一九三四年		一九三五年		一九三六年		一九三七年	
國別	價值	百分率	價值	百分率	價值	百分率	價值	百分率	價值	百分率	價值	百分率	價值	百分率
美國	四八、七〇二	五六·四	二三、二六九	四一·八	五一、四〇三	五七·九	五一、四二〇	五三·一	七六、一二八	六五·〇	九九、九三三	七〇·八	一三一、七六〇	六九·四
英國	二一、七九六	二四·一	六、七四三	一二·〇	四、一六三	四·七	九、〇三四	九·三	七、六四一	六·五	九、五八三	六·八	一四、九二三	七·九
法國	五、三二八	六·二	四、〇九八	七·三	五、五三〇	六·二	七、〇四一	七·三	六、四三九	五·五	九、三四八	六·六	九、〇九〇	四·七
德國	一四六	〇·二	二四二	〇·四	三五八	〇·四	二二二	〇·二	二二〇	〇·二	二、九四〇	二·〇	九六八	〇·五
日本	二、〇三四	二·四	二、七二二	四·八	三、〇一九	三·四	五、三六八	五·五	四、六九二	四·〇	五、三二五	三·八	一〇、四九〇	五·五
荷蘭	六、一二七	七·三	九、八八〇	一七·七	二一、四八六	二二·九	四、四八五	四·六	一、四八六	一·三	三、二二〇	二·三	二、九二九	一·五
總額包括其他各國	八五、四六八	—	五五、六八九	—	八八、七二六	—	九六、七二四	—	一一七、二九四	—	一四一、三五三	—	一八九、七六九	—

馬來與美國之貿易表（總額之百分率爲叻幣千元單位）

年份	進口總額	出口總額	美國部份進口額	百分率	美國部份出口額	百分率
一九二四年	六五三、三一二	七二〇、四五〇	二二、七一二	三・五	二九八、五五五	四一・四
一九二五年	九〇七、九四三	一、二八一、七七五	三〇、七二六	三・三	六四三、一二九	五〇・九
一九二六年	一、〇〇三、八四九	一、二六二、五九六	三四、八六六	三・四	五九七、八七五	四一・〇
一九二七年	九九〇、五六二	一、〇六一、七二九	三一、七九九	三・二	四六六、九九八	四三・九
一九二八年	八六〇、六四二	八四五、〇六四	二七、五七二	三・二	三五二、三七二	四一・五
一九二九年	八八一、一七一	九二五、四四二	三一、八四〇	三・六	三九二、二〇七	四二・三
一九三〇年	七〇六、二七五	六五七、六六一	二三、四三〇	三・三	二二六、八七一	三四・二
一九三一年	四六二、〇五九	四三二、九七六	一一、五〇二	二・五	一三四、〇〇四	三二・五
一九三二年	三八四、二五九	三六七、五九九	七、二八七	一・九	七二、三六一	一九・四
一九三三年	三六二、〇九一	四〇二、六八五	五、五六八	一・五	一二五、二九二	三一・一
一九三四年	四六七、二〇〇	五六六、六〇〇	八、二五七	一・七	一八八、五五二	三三・二
一九三五年	四七五、四八八	五八一、九六三	九、一二〇	一・九	二一三、五九二	三六・七
一九三六年	五〇八、〇六八	六三七、〇七三	九、三六一	一・八	二九五、六〇九	四六・四
一九三七年	六九八、四五二	九〇五、一〇五	一五、九四四	二・三	三九八、八五一	四四・〇
一九三八年	五五九、四〇九	五八一、五五四	一七、一二五	三・〇	一七一、〇〇〇	二九・四

（乙）與澳洲之貿易

一九二五年至一九三八年、馬來對澳洲之貿易均爲出超、概言之、出口比進口大二倍左右、輸往澳洲之主要物品、爲汽車油、石油、及流質燃料（其間數額一度曾見降低）、而從澳洲進口之主要貨物爲食料、如麵粉、牛油及乳餅等、

下表以叻幣千元單位及百分率、表示馬來對澳洲貿易之總值：

年份	進口額	百分率	出口額	百分率
一九二四年	一四、九二〇	二・三	七、八〇三	一・〇
一九二五年	一六、二〇一	一・七	二二、九六八	一・八
一九二六年	一五、二〇六	一・五	三八、三八三	三・〇
一九二七年	一七、〇七二	一・七	三五、六六〇	三・四
一九二八年	一六、八四七	一・九	二五、五四四	三・〇
一九二九年	一四、八七五	一・七	二五、四〇五	三・七
一九三〇年	一一、四〇〇	一・六	二二、六七九	三・四
一九三一年	八、〇一八	一・七	一三、〇〇二	三・二
一九三二年	八、二九〇	二・一	二一、九九〇	六・〇
一九三三年	七、九一四	二・一	一六、六二九	四・一
一九三四年	八、六一二	一・八	一九、八二三	三・五
一九三五年	九、五〇三	二・〇	二一、一四七	三・六
一九三六年	九、九七五	一・九	二一、九六五	三・四
一九三七年	一四、五二九	二・一	三一、二七二	三・四
一九三八年	一三、〇八四	二・三	二六、六九二	四・五

（丙）與日本之貿易

在十餘年前馬來與日本之貿易、每年總值常超過五〇、〇〇〇、〇〇〇元、馬來出口多於進口、橡膠、錫、汽油、石油、流質燃料等、對於日本實業國、頗爲需要、從馬來大量之進口上、能如此接近、增加利益不少、日本從馬來進口之橡膠、約佔美國所進口者十分之一、錫約佔二十分之一、但汽油、石油、以及馬達燃料等、日本佔馬來出口總額約一半、日本供給馬來所運回之貨物爲棉織品、魚、脚踏車、及附屬品等、英國之紡織品在馬來、亦佔極重要之地位、已有多年、約佔馬來紡織品進口總額百分之四十五、除此以外、從印度進口者佔百分之二十、自一九三〇年以來、日本紡織品突然流入馬來、其間數額一度竟超過英國部份、不啻與英國廠家一大威脅、彼雖有各種阻止日貨流入之方法、但英貨每因日貨銷路擴大、而進口數額降落、玆將各國供給馬來之紡織品以百分率按序示於下表：

馬來進口之棉織品百分率表

出口國	一九二八年份	一九三一年份	一九三二年份	一九三三年份	一九三四年份	一九三五年份	一九三六年份	一九三七年份
英國	四二·五	二六·三	二四·六	三〇·二	三二·〇	四六·五	四七·〇	四九·五
日本	九·六	二八·一	三四·七	五七·一	五六·三	三七·八	三四·〇	二七·〇
印度	一八·四	一三·四	二·五	一·一	一·二	四·四	五·四	一一·二
東印度	七·〇	六·一	—	—	—	—	—	—
中國	五·二	八·〇	八·〇	八·八	六·〇	五·五	六·七	五·一

馬來與日本之貿易表（價值叻幣千單位）

年份	進口額	百分率	出口額	百分率
一九二四年	一六、五五六	二·五	二六、四八七	三·七
一九二五年	二九、九五七	三·二	三六、九八七	二·九
一九二六年	三四、九〇〇	三·四	三九、九六六	三·二
一九二七年	三〇、二一五	三·〇	三八、六二八	三·六
一九二八年	二〇、二一九	二·三	三三、九八三	四·〇
一九二九年	二三、一九〇	二·六	三八、六七一	四·二
一九三〇年	二四，九三五	三·五	四一、八三九	六·三
一九三一年	一七、八九八	三·九	四八、六一〇	一二·二
一九三二年	一七、〇三三	四·五	三八、九四〇	一〇·六
一九三三年	二六、五九〇	七·三	三五、一三二	八·四
一九三四年	三七、五〇〇	八·〇	五一、四〇〇	九·〇
一九三五年	三〇、四〇五	六·四	五二、六八九	九·二
一九三六年	三二、五四二	六·四	四八、二九三	七·六
一九三七年	四〇、四八二	五·八	六〇、七一二	六·七
一九三八年	一二、四二六	二·二	五三、八八七	九·二

（丁）與英聯邦帝國、香港及坎拿大之貿易

與英聯邦帝國、香港、坎拿大等國之貿易、常能維持均勻之平衡、馬來從英聯邦帝國進口棉織品、烟草及捲菸、鋼鐵及製造品、橡膠、錫、乾椰子肉、及胡椒等、在興盛時期之貿易額、竟超出三萬萬元、即在不景氣時、亦年在一萬萬元以上、與香港貿易之數額、在興盛時期爲四千五百萬元、及至

不景氣時、跌至一千萬元以下、與坎拿大之貿易、開始不久、尚未達到使人値得注意之數字、但戰前最高貿易額竟達三千萬元以上、

馬來與英國、香港、坎拿大之貿易表（單位叻幣百萬元）

年份	進口總額	出口總額	英國部份 進口	英國部份 出口	香港部份 進口	香港部份 出口	坎拿大部份 進口	坎拿大部份 出口
一九二四	六五三・三	七二〇・四	八七・九	九四・八	二八・四	一六・三	—	—
一九二五	九〇七・九	一、二八一・七	一二一・八	一七八・一	二八・五	九・九	—	—
一九二六	一〇〇三・八	一、二六二・五	一三六・九	二〇五・九	二七・〇	九・九	—	—
一九二七	九九〇・五	一、〇六一・七	一三二・六	一五八・六	三五・八	一〇・一	四・七	三・六
一九二八	八六〇・六	八四五・〇	一三八・九	九八・二	三三・二	一五・七	二・六	三・四
一九二九	八八一・一	九二五・四	一四三・三	一三二・九	二八・三	一一・二	二・八	三・二
一九三〇	七〇六・二	六五七・六	九七・八	八〇・四	一四・七	九・二	二・六	一・五
一九三一	四六二・〇	四三二・九	六二・五	六四・八	五・八	七・八	一・四	一・一
一九三二	三八四・二	三六七・五	五五・七	五八・五	三・六	五・八	〇・九	〇・六
一九三三	三六二・〇	四〇二・六	五〇・九	五五・三	五・七	四・二	一・〇	一・八
一九三四	四六七・二	五六六・六	六七・三	一〇七・三	六・一	四・五	二・四	五・八
一九三五	四七五・四	五八一・九	七五・一	九三・九	四・三	五・四	三・四	一一・八
一九三六	五〇八・一	六三七・一	七七・〇	五六・三	五・四	四・三	二・八	一八・二
一九三七	六九八・五	九〇五・一	一〇八・二	一〇〇・二	九・九	八・一	五・三	二五・八
一九三八	五五九・四	五八一・五	一〇一・九	八一・〇	八・五	四・二	—	—

除一九二八年及一九二九年之外、馬來與英聯邦帝國之貿易平衡、在以往十餘年、稍有出超、馬來當爲英國屬地時、英格蘭曾以馬來爲其紡織品、烟草、鋼鐵等貨物之重要出路、在另一方面、又將其作爲供給熱帶產品之來源、在一九三一年、大不列顛從馬來購進之熱帶產品、茲列表於下、以資參考：

橡膠	二一八、〇〇〇、〇〇〇元	佔出口總額百分之一五・一
錫	八三、〇〇〇、〇〇〇元	佔出口總額百分之一四・一
乾椰子肉	一六、四〇〇、〇〇〇元	佔出口總額百分之一〇・五
胡椒	五、九〇〇、〇〇〇元	佔出口總額百分之五〇・〇

在一九三一年輸往英聯邦帝國之出口總額爲六四、七〇〇、〇〇〇元、或佔馬來出口總額百分之十五、

繼英國優先權運動誕生以後、雖曾有優先權之稅率、與日本競爭、但英國紡織品在馬來、曾見降落、而日本產品反佔優勢、惟英國之烟草、鋼鐵等產品、在馬來仍佔優勢、茲示表於下：

馬來進口紡織品價值及百分率表（單位——叻幣）

國別	一九三一年 價值	一九三一年 百分率	一九三二年 價值	一九三二年 百分率	一九三三年 價值	一九三三年 百分率	一九三四年 價值	一九三四年 百分率
英國	七、二三七、〇八五	五二·八	四、三三九、四八七	二四·六	四、九三八、五九八	三〇·二	五、三八六、〇六一	三二·〇
日本	三、八一四、四二七	二七·九	六、一二二、九〇九	三四·七	九、三五二、五五九	五七·一	九、五二一、三六七	五六·三
印度	三一八、八七五	二·三	四三八、六七四	二·五	一八五、四〇一	一·一	二〇五、八六六	一·二
中國	一、六八七、七五四	一二·三	一、四〇三、七九六	八·〇	一、四三三、六〇八	八·八	一、〇一六、八四三	六·〇
其他各國	六三二、五四四	四·七	五、三一四、三三七	三〇·二	四六五、五一〇	二·八	七六四、一八五	四·五
合計	一三、六九〇、六八五	一〇〇·〇	一七、六一九、二〇三	一〇〇·〇	一六、三七五、六七六	一〇〇·〇	一六、八九四、三二二	一〇〇·〇

國別	一九三五年 價值	一九三五年 百分率	一九三六年 價值	一九三六年 百分率	一九三七年 價值	一九三七年 百分率
英國	六、二五一、二三六	四六·五	六、七一七、二四〇	四七·〇	一〇、九二二、二九〇	四九·五
日本	五、〇七六、〇七五	三七·六	四、八七〇、三三八	三四·〇	五、九四五、二五〇	二七·〇
印度	五九九、七三三	四·四	七六七、七四一	五·四	二、四六六、八〇四	一一·二
中國	七四四、七三〇	五·五	九五六、九三四	六·七	一、一三三、一七〇	五·一
其他各國	八一五、八五〇	六·〇	九八八、六一二	六·九	一、五九四、八八五	七·二
合計	一三、四八七、六二四	一〇〇·〇	一四、三〇〇、八六五	一〇〇·〇	二二、〇六二、三九九	一〇〇·〇

馬來進口烟草價值及百分率表（單位——叻幣）

國別	一九三一年 價值	一九三一年 百分率	一九三二年 價值	一九三二年 百分率	一九三三年 價值	一九三三年 百分率	一九三四年 價值	一九三四年 百分率
英國	一〇、九三九、七八五	八六·五	九、四八二、一三七	八九·二	九、八四三、六一〇	九一·七	一二、八一五、七七五	九五·七
香港	三二八、〇二九	二·六	五三〇、九八七	五·〇	五九八、〇四〇	五·六	四五九、二八二	三·四
美國	二四五、八八〇	一·九	一一、九六六	〇·一	一一、八二四	〇·一	九、三八七	〇·一
中國	一、一三四、四五七	九·〇	五七三、六四九	五·四	二五八、七〇四	二·四	八三、一八六	〇·六
其他各國	二九、五九五	〇·二	二七、一八八	〇·三	二六、〇三九	〇·二	三〇、一六五	〇·二
合計	一二、六七七、七四六	一〇〇·〇	一〇、六二五、九二七	一〇〇·〇	一〇、七三七、二二七	一〇〇·〇	一三、三八七、七九五	一〇〇·〇

國別	一九三五年 價值	一九三五年 百分率	一九三六年 價值	一九三六年 百分率	一九三七年 價值	一九三七年 百分率
英國	一四、〇二七、〇五一	九七·七	一四、二九五、五一三	九八·四	一六、八四六、五〇八	九八·一
香港	二〇七、八七三	一·四	一三〇、四八一	〇·九	二五五、一一八	一·五
美國	二八、〇八九	〇·二	二六、一七三	〇·二	五四、〇三五	〇·三
中國	五七、一二五	〇·四	四五、八〇五	〇·三	一一、三六八	〇·〇六
其他各國	三九、〇三七	〇·三	三三、〇二〇	〇·二	九、三六二	〇·〇四
合計	一四、三五九、一七四	一〇〇·〇	一四、五二九、九九二	一〇〇·〇	一七、一七六、三九一	一〇〇·〇

馬來進口鋼鐵種類價値及百分率表（單位——叻幣）

種類	一九三三年		一九三四年		一九三五年		一九三六年		一九三七年	
	價値	百分率	價値	百分率	價値	百分率	價値	百分率	價値	百分率
鋼鐵製品	五七七、二九七	九・八	一、二七五、〇二七	二三・三	一、三三二、五一五	一八・一	二、一八二、三八八	二一・二	三、六二九、五四三	二五・四
鋼板	六一五、一三二	一〇・五	六七七、四七九	一二・四	八八七、九五九	一二・〇	一、三三七、三九三	一三・〇	二、二八八、九九九	一六・〇
鐵板	九三九、五二八	一六・〇	一、一七一、三八八	二一・四	一、六九四、一四六	二三・〇	一、三四九、五〇一	一三・一	三、一五四、九九六	二二・〇
鋼鐵管	二、七九八、三六五	四七・七	一、〇〇六、一三七	一八・三	一、三一六、八六一	一七・九	一、五七〇、四〇六	一五・三	七五一、〇七七	五・一
其他鋼鐵製品	九四二、二六七	一六・〇	一、三四五、八〇九	二四・六	二、一三六、七三八	二九・〇	三、八五二、六一九	三七・四	四、四九八、一九五	三一・五
合計	五、八七二、四七八	一〇〇・〇	五、四七五、八四〇	一〇〇・〇	七、三六八、二二九	一〇〇・〇	一〇、二九二、三〇七	一〇〇・〇	一四、五〇二、八一〇	一〇〇・〇

（戊）與亞洲鄰國之貿易

馬來土人所從事之農業、尙不足供給彼等自用之食料、本地所產之米、更不能滿足彼等三分之一之需要、結果、馬來祗可以大量之產品銷於歐美市場、一方面尙須向東方鄰國、購進米及其他食料、故馬來進口多於出口之各國、爲東印度羣島、泰國、印度、中國、及越南等處、馬來與東印度羣島之貿易、向來頗爲鞏固，即在不景氣之數年中、亦尚有成績、若以國別審查馬來之貿易額、則與東印度羣島所往來之貿易爲最大、雖在一九二七年自四六四、九〇〇、〇〇〇元、至一九三一年降爲二二二、八八二、六二六元、但在一九二七至一九三一年、其貿易總額之百分率、則自百分之二二・四增至百分之二五・三、在一九三三年之數字更降至一五二、二一九、七三一元、佔貿易總額百分之一九・八、一九三四年爲一九六、二五三、九九三元、占百分之一九・〇、一九三五年爲一八九、一一三、六九九元、占百分之一七・九、一九三六年爲二〇〇、三四三、一五一元、占百分之一七・〇、一九三七年爲二五九、七七九、二九一元、占百分之二六・二、或與美國一九三三年貿易總額之一三〇、八五八、七一一元、佔貿易總額百分之一七、及一九三四年爲一九六、八〇八、五三五元、占百分之一九・〇、一九三五年爲二二二、七一二、四七一元、占百分之二一・〇、一九三六年爲三〇四、九七〇、六六六元、占百分之二六・六、一九三七年爲四一四、七九五、六七〇元、占百分之二五・九相比較、雖一度曾爲優越、但戰前數年與美國之貿易額則超過東印度之上矣

鄰近各國、以馬來爲其重要出口地、但馬來之主要地位、又證明爲東印度羣島產品之出路、比荷蘭本國更爲重大、馬來爲橡膠、錫、石油產品之出口者、同時又爲此種物品之進口者、一九三一年至一九三七年橡膠之出口平均價值爲二三〇、七三〇、三四七元、進口爲六一、一四〇、三〇二元、在同樣情形之下、錫之進口平均價值爲二九、七八一、七九六元、而出口爲一一〇、四三一、六二一元、進口之石油產品平均價值一二、一一六、五一五元、而復出口之平均價值祇有八、三七九、〇〇三元、兹將馬來橡膠、錫、石油產品之歷年進出口情形、列表於下：

馬來進口橡膠價值及百分率表……（單位——叻幣）

國別	一九三一年 價值	一九三一年 百分率	一九三二年 價值	一九三二年 百分率	一九三三年 價值	一九三三年 百分率	一九三四年 價值	一九三四年 百分率
東印度	一四、一五〇、五七四	七四・五	七、一八四、八二七	七三・四	一五、六三三、七四九	七四・三	四三、二九三、九四一	六〇・三
泰國	六九八、四四九	三・七	四一四、七二四	四・二	一、二六九、三六六	六・〇	六、五六一、六一五	九・一
越南	七七一、八〇三	四・〇	四〇一、四八七	四・一	五〇三、二〇四	二・四	六六三、三五七	〇・九
緬甸	四八〇、五一八	二・五	三二五、六九七	三・三	五〇八、九〇四	二・四	一、五三六、九八二	二・一
北婆羅洲	五九一、三九八	三・一	五三〇、二七〇	五・四	七六九、九五一	三・七	二、三一九、八六七	三・二
汶來	一九五、三三五	一・〇	九四、七四二	〇・九	一七五、三三七	〇・八	五二一、八七五	〇・七
總額包括其他各國	一八、九九五、三〇三	—	九、七八六、九二五	—	二一、〇五三、三三六	—	七一、八六八、七九三	—

國別	一九三五年 價值	一九三五年 百分率	一九三六年 價值	一九三六年 百分率	一九三七年 價值	一九三七年 百分率
東印度	四四、六一八、三一〇	六五・七	五八、七二四、〇七四	六一・九	九三、〇三五、四〇四	六四・九
泰國	一〇、六六九、三七四	一五・七	一七、一九八、六五三	一八・一	二一、七八二、四九三	一五・一
越南	六八五、二四七	一・〇	一、六三三、二九二	一・七	二、七五〇、三八六	一・九
緬甸	一、二九二、四四一	一・九	二、二三一、一二三	二・四	三、〇八三、〇三一	二・二
北婆羅洲	二、一二五、五七四	三・一	二、一五〇、五四五	二・三	三、六一五、七一八	二・五
汶來	五一五、三七九	〇・八	六八一、三六五	〇・七	九七〇、三四一	〇・七
總額包括其他各國	六七、九六六、二三七		九四、八三三、七八六	—	一四三、四七八、八三六	—

馬來進口鑛錫價值及百分率表（單位——叻幣）

國別	一九三一年 價值	一九三一年 百分率	一九三二年 價值	一九三二年 百分率	一九三三年 價值	一九三三年 百分率	一九三四年 價值	一九三四年 百分率
泰國	一三、一一四、九九五	四〇·三	一〇、二九〇、九三三	四五·三	一六、五九八、一四三	六三·八	一九、四九五、九八四	六八·一
緬甸	一、七五二、一六七	五·〇	二、〇六五、三九一	九·一	三、四〇八、〇三六	一三·一	四、五一五、五五一	一六·一
越南	六九七、〇四六	二·三	一、〇四三、五〇〇	四·六	一、六三四、七八四	六·三	一、八五七、八二〇	六·四
南非洲聯邦	三五二、〇〇〇	一·一	五七九、三〇〇	二·五	一、一三四、四八〇	四·四	一、二〇七、二六〇	四·二
日本	四九八、八〇〇	一·六	五九九、二〇〇	二·六	九〇三、六〇〇	三·五	一、一七八、六〇〇	四·一
總額包括其他各國	三〇、一五三、三八五	—	二二、七四三、三六七	—	二五、九八三、四四〇	—	二八、六一六、五五五	—

國別	一九三五年 價值	一九三五年 百分率	一九三六年 價值	一九三六年 百分率	一九三七年 價值	一九三七年 百分率
泰國	一七、六五四、四二七	六三·九	三〇、七二〇、四七八	六七·七	五一、一三六、七三四	七三·〇
緬甸	五、二五二、〇一四	一九·〇	四、八九九、一九五	一六·〇	九、九七一、八八二	一四·〇
越南	二、四一三、九六六	八·七	三、〇九八、二四五	六·八	二、八六〇、九〇四	六·七
南非洲聯邦	一、二二七、三二〇	四·四	一、三一九、四五〇	四·六	八五二、五〇〇	一·九
日本	三六〇、九〇〇	一·三	六九〇、八五〇	二·二	一、〇七四、六〇〇	二·五
總額包括其他各國	二七、六八一、九四七	—	四五、六六四、〇九六	—	七〇、六三〇、八二六	—

馬來進口石油產品價值及百分率表　（單位——叻幣）

國別	一九三一年 價值	一九三一年 百分率	一九三二年 價值	一九三二年 百分率	一九三三年 價值	一九三三年 百分率	一九三四年 價值	一九三四年 百分率
東印度	一〇、一四五、一六五	八三・八	八、九三二、三一二	七〇・一	八、九〇一、〇六六	七七・四	八、九九九、八一八	九六・四
砂撈越	一、八七九、七四四	一五・五	三、七六八、一九四	二九・五	二、四三四、八九一	二一・〇	三二八、〇八六	三・五
其他各國	八二、一三九	〇・七	四六、〇五一	〇・四	一七四、四二三	一・六	六、一三八	〇・一
總額	一二、一〇七、〇四八	一〇〇・〇	一二、七四六、五五七	一〇〇・〇	一一、五〇〇、三八〇	一〇〇・〇	九、三三四、〇四四	一〇〇・〇

國別	一九三五年 價值	一九三五年 百分率	一九三六年 價值	一九三六年 百分率	一九三七年 價值	一九三七年 百分率
東印度	九、四〇八、四〇六	七九・二	一一、二四五、二九三	八〇・〇	九、七六一、四六一	七四・一
砂撈越	二、四四五、五五二	二〇・六	二、七八八、七七一	一九・八	三、三五六、二七〇	二五・五
其他各國	三七、八六二	〇・二	三二、四三七	〇・二	七六、五三四	〇・六
總額	一一、八八六、八二〇	一〇〇・〇	一四、〇六六、五〇一	一〇〇・〇	一三、一七四、二五五	一〇〇・〇

馬來出口橡膠價值及百分率表（單位——叻幣）

國別	一九三一年 價值	一九三一年 百分率	一九三二年 價值	一九三二年 百分率	一九三三年 價值	一九三三年 百分率	一九三四年 價值	一九三四年 百分率
美國	七六、六八三、八三三	六五·〇	四四、六七五、三〇〇	五八·八	六六、三六八、三八三	五八·七	一三〇、〇八九、三六九	四七·八
英國	一七、八八一、二〇四	一五·一	一〇、八五六、〇六九	一四·〇	一五、〇三〇、六一六	一三·六	五九、九二七、七四九	二二·〇
法國	五、五九〇、七三六	四·七	四、八二七、七三七	六·二	九、五一四、四九五	八·〇	二〇、八八九、五三三	七·七
中國	一、一三九、三五六	〇·九	六二五、八四三	〇·八	七四一、三三七	〇·六	一、三〇四、八五九	〇·五
日本	七、一五一、五七四	六·〇	七、三三三、四八八	九·四	一〇、三八一、〇六八	八·七	二一、四七九、六五四	七·八
荷蘭	八六一、八五八	〇·七	五五三、五三二	〇·七	一、八三九、六〇三	一·五	四、六二〇、六五一	一·七
德國	四、三三〇、三一九	三·五	三、三六七、二七九	四·三	四、六五七、九九五	三·九	七、〇〇五、九三四	二·六
意大利	七九三、七八四	〇·六	一、七五〇、〇〇九	二·三	四、四一三、五九五	三·七	九、三四七、〇九六	三·四
澳洲	八四五、〇六二	〇·七	一、三五九、八二八	一·八	一、三九六、七九五	一·二	三、九二一、六九八	一·一
總額包括其他各國	一一七、八六七、九九八	—	七六、六九三、〇六六	—	一一三、二九四、八八八	—	二七一、八四八、七六八	—

國別	一九三五年 價值	一九三五年 百分率	一九三六年 價值	一九三六年 百分率	一九三七年 價值	一九三七年 百分率
美國	一三〇、四九〇、六六四	五一·七	一八五、六〇八、〇〇六	六三·五	二五八、八七三、八三九	五三·四
英國	五〇、五八一、七三七	二〇·〇	三二、七六五、一三三	七·八	五七、八三八、四九六	一一·九
法國	二〇、〇四三、九九一	七·九	二七、六九六、五三九	九·五	五八、八〇七、五八〇	一二·一
中國	一、一三六、六八二	〇·五	一、七六九、四六四	〇·六	九八八、九一八	〇·二
日本	一八、四四四、六一六	七·三	二五、七四五、〇〇六	八·八	二六、一七二、五一九	五·四
荷蘭	一、二三一、八九九	〇·五	三六七、一一七	〇·一	一、五三八、七七〇	〇·三
德國	四、六三三、五四〇	一·八	三、五六七、六九〇	一·二	一七、八一二、九三二	三·六
意大利	七、六〇二、一七五	三·〇	一、五四〇、六〇一	〇·四	一七、七六四、四六五	三·六
澳洲	二、五六五、五四八	一·〇	三、七一七、二七〇	一·三	八、三一二、三六五	一·七
總額包括其他各國	二五二、五三二、九一二	—	二九二、三二三、〇六八	—	四八四、六六一、八一一	—

馬來出口鑛錫價值及百分率表

（單位——叻幣）

國別	一九三一 價值	一九三一 百分率	一九三二年 價值	一九三二年 百分率	一九三三年 價值	一九三三年 百分率	一九三四年 價值	一九三四年 百分率
美國	四八、七〇一、四三四	五八·四	二三、二六八、六七二	四一·八	五一、四〇二、六四三	五七·九	五一、四〇九、六〇〇	五三·一
英國	一一、七六六、〇二七	一四·一	六、七四三、六八〇	一二·〇	四、一六一、八一九	四·七	九、〇三四、二〇四	九·三
法國	五、三二八、四六六	六·二	四、〇九八、三一六	七·三	五、五二九、九〇六	六·二	七、〇四〇、九六五	七·三
德國	一四六、四七八	〇·二	二四三、四〇六	〇·四	三五八、〇八〇	〇·四	二三二、一四五	〇·二
日本	二、〇三四、〇七八	二·四	二、七一一、一〇三	四·八	三、〇一九、一八九	三·四	五、三六八、一五八	五·五
荷蘭	六、一二七、四五三	七·三	九、八八〇、二五九	一七·七	一一、四八六、〇六九	一二·九	四、四八四、七六〇	四·六
意大利	三、四七五、五八二	四·一	三、八五五、一五八	六·九	五、七七三、六九八	六·五	八、一二一、八六一	八·四
印度	—	—	二、九五七、四六八	五·三	三、六八二、六三九	四·一	四、六八五、三一五	四·八
總值包括其他各國	八三、四四七、八一八	—	五五、六八七、〇三六	—	八八、七一六、二三三	—	九六、七三二、二七一	—

國別	一九三五年 價值	一九三五年 百分率	一九三六年 價值	一九三六年 百分率	一九三七年 價值	一九三七年 百分率
美國	七六、一二七、九三五	六五·〇	一〇〇、一二二、七七五	七〇·八	一三一、七五九、九三六	六九·四
英國	七、六四〇、七七六	六·五	九、五八二、八九六	六·八	一四、九二二、六一〇	七·九
法國	六、四三九、一〇五	五·五	九、三四八、〇六二	六·六	九、〇八九、七五八	四·七
德國	二三〇、〇六七	〇·二	二、九三〇、九二一	二·〇	九六七、六八三	〇·五
日本	四、六九一、六一一	四·〇	五、三二四、四四三	三·八	一〇、四八九、八二六	五·五
荷蘭	一、四八五、三三三	一·三	三、二〇九、九八九	二·三	二、九三九、四四一	一·五
意大利	八、八二〇、四三二	七·五	九五九、八七八	〇·七	五、九一九、二三五	三·一
印度	五、四三九、一九二	四·六	四、三六一、五一八	三·一	五、七七七、四一六	三·〇
總值包括其他各國	一一七、二六五、〇七三	—	一四一、三五二、六〇三	—	一八九、七六九、三四一	—

馬來出口石油產品價值及百分率表（單位——叻幣）

國別	一九三一年 價值	一九三一年 百分率	一九三二年 價值	一九三二年 百分率	一九三三年 價值	一九三三年 百分率	一九三四年 價值	一九三四年 百分率
澳洲	八三三、一四〇	一〇·六	二、七八四、五五六	三〇·七	三、一〇七、三六六	四〇·一	一、八六七、六六二	三二·二
泰國	一、九六五、七五一	二五·〇	一、三六八、一四八	一五·一	二、一八〇、三三五	二八·一	一、四六七、八六一	二五·三
日本	一、八〇六、三三四	二三·〇	二、四〇九、八四五	二六·七	七九九、二五四	一〇·三	七七五、四〇六	一三·四
東印度	七〇五、四一六	九·〇	四〇七、四一三	四·五	三九九、五四七	五·一	二八〇、三三一	四·八
新西蘭	一八八、五六六	二·四	三二五、五四〇	三·五	七〇一、四三九	九·〇	一七二、一六六	二·九
砂勝越	四九八、九三二	六·三	六七五、四〇四	七·四	二一九、五五三	二·八	二四二、八八五	四·一
緬甸	一、六八〇	〇·二	一、一五二	〇·一	—	—	一三〇、五三九	二·二
總額包括其他各國	七、八四五、八五四	—	九、〇二六、五七二	—	七、七五八、六八二	—	五、七九〇、八二七	—

國別	一九三五年 價值	一九三五年 百分率	一九三六年 價值	一九三六年 百分率	一九三七年 價值	一九三七年 百分率
澳洲	二、二四七、一八〇	二七·八	四、一八四、七二五	四〇·二	四、一七四、七三一	四二·七
泰國	一、六七〇、二九六	二〇·七	一、七〇六、〇九〇	一六·四	一、一五〇、七四二	一一·八
日本	一、七三三、三九九	二一·四	一、六六九、八七四	一六·〇	六〇一、八八六	六·一
東印度	八五三、五五五	一〇·五	六八九、〇六五	六·六	六〇四、一三〇	六·二
新西蘭	三四七、二九八	四·三	三八〇、二六六	三·七	五八四、九五四	五·九
砂勝越	二七二、三二六	三·四	五一五、四七五	五·〇	三三七、六三八	三·四
緬甸	三六一、六六四	四·五	三八七、四〇〇	三·七	四四二、四〇〇	四·六
總額包括其他各國	八、〇七五、八八四	—	一〇、三七六、一八四	—	九、七七一、二七一	—

馬來仰給於印度、泰國、越南之食料、爲數頗巨、反之供獻殊少、此等國產之米、以及大宗主要物產、幾全由馬來所包辦、祇以魚之進口而言、已佔百分之五十以上、馬來向以鑛錫橡膠佔世界之首位、亦均由此等國內所進口者、自泰國進口之錫苗幾與東印度相等、馬來所能回報者、即爲一般製造品、因彼係西方各國之分配者、故馬來對於泰國、印度、越南三國貿易上之逆勢、可謂不足驚奇、玆特列表於下：

馬來自印度、泰國、越南進口米之價值及百分率表（單位——叻幣）

國別	一九三一年 價值	一九三一年 百分率	一九三二年 價值	一九三二年 百分率	一九三三年 價值	一九三三年 百分率	一九三四年 價值	一九三四年 百分率
印度（包括緬甸）	一九、七五六、九八七	四〇·七	一四、七八〇、四一六	三七·二	一三、五四〇、〇二八	三九·八	九、二三五、二七二	二七·九
泰國	二五、八六六、九八六	五三·三	二四、二三八、八五八	六一·〇	二〇、九七八、五三九	六一·六	二二、九八九、六九五	六九·六
越南	六七、八八〇	〇·一	七五、〇〇一	〇·二	八一四、〇四五	二·四	八〇九、三六三	二·四
總額包括其他各國	四八、五三四、四四三	—	三九、七四四、〇四九	—	三四、〇三四、九五四	—	三三、〇二九、四六一	—

國別	一九三五年 價值	一九三五年 百分率	一九三六年 價值	一九三六年 百分率	一九三七年 價值	一九三七年 百分率
印度（包括緬甸）	一三、四九六、七九一	三三·四	一三、二五三、三三三	二八·〇	一八、一九一、三四一	三八·〇
泰國	二四、三六五、一五四	六〇·四	三一、九五六、三六二	六七·五	二七、五九〇、五八一	五七·七
越南	二、四六四、一七三	六·一	一、八九四、九五六	四·〇	一、九五三、五一七	四·一
總額包括其他各國	四〇、三三四、一二〇	—	四七、三〇一、七四七	—	四七、八〇〇、三六四	—

馬來自泰國、越南進口魚之價值及百分率表（單位——叻幣）

國別	一九三一年 價值	一九三一年 百分率	一九三二年 價值	一九三二年 百分率	一九三三年 價值	一九三三年 百分率	一九三四年 價值	一九三四年 百分率
泰國	二、〇九二、四九〇	二七・四	二、五六四、四六一	四〇・二	二、三八二、四三三	三六・七	二、六一九、三〇九	三三・六
越南	三、二六四、一五九	四二・八	二、四三五、二八三	三八・二	二、四五三、六一一	三七・八	二、六五九、三八二	三四・一
總額包括他其各國	七、六三九、六八一	—	六、五七六、二〇七	—	六、四八五、九〇八	—	七、八〇二、五九九	—

國別	一九三五年 價值	一九三五年 百分率	一九三六年 價值	一九三六年 百分率	一九三七年 價值	一九三七年 百分率
泰國	二、〇〇〇、〇九二	二九・四	二、〇三二、四七六	二八・四	二、〇三八、二五〇	二七・四
越南	二、四三二、八七七	三五・六	二、七四五、二〇一	三八・三	二、八〇三、九四九	三七・七
總額包括其他各國	六、八〇五、五三二	—	七、一六四、〇五〇	—	七、四三九、九八六	—

249

馬來自印度、泰國、越南進口錫苗之價值及百分率表（單位——叻幣）

國別	一九三一年 價值	一九三一年 百分率	一九三二年 價值	一九三二年 百分率	一九三三年 價值	一九三三年 百分率	一九三四年 價值	一九三四年 百分率
印度（包括緬甸）	一、五二一、一六七	五·〇	二、〇六五、三九一	九·一	三、四〇八、〇六六	一三·一	四、六二一、三五一	一六·一
泰國	一二、一二四、九九五	四〇·二	一〇、三六〇、九三三	四五·五	一六、五六八、一四三	六三·八	一九、四九五、九六四	六八·一
越南	六九七、〇四六	二·三	一、〇四三、三〇〇	四·六	一、六五四、七八四	六·四	一、八五七、八三〇	六·四
總額包括其他各國	三〇、一五三、三八五	—	二二、七四三、三六七	—	二五、九六三、四四〇	—	二八、六一六、五五五	—

國別	一九三五年 價值	一九三五年 百分率	一九三六年 價值	一九三六年 百分率	一九三七年 價值	一九三七年 百分率
印度（包括緬甸）	五、二五三、〇二四	一九·〇	四、八九九、一九三	一六·〇	五、九七二、八八二	一四·〇
泰國	一七、六五四、四二七	六三·九	二〇、七三〇、四七八	六七·七	三一、一三六、七五四	七三·〇
越南	二、四一三、九六六	八·七	二、〇九八、二三五	六·八	二、八六〇、九四〇	六·七
總額包括其他各國	二七、六八一、九四七	—	三〇、六六七、〇七六	—	四二、六三〇、八二六	—

250

馬來自印度、泰國、越南進口橡膠之價值及百分率表（單位——叻幣）

國別	一九三一年 價值	一九三一年 百分率	一九三二年 價值	一九三二年 百分率	一九三三年 價值	一九三三年 百分率	一九三四年 價值	一九三四年 百分率
印度（包括緬甸）	四八〇、五一八	二·五	三三五、六九七	三·五	五〇八、九〇四	二·四	一、五三六、九八二	二·一
泰國	六九八、四四九	三·七	四一四、七三四	四·二	一、二六九、三六六	六·〇	六、五六一、六一五	九·一
越南	七七一、八〇三	四·〇	四〇一、四八七	四·一	五〇二、三〇四	二·四	六六三、三五七	〇·九
總額包括其他各國	一八、九九五、二〇三	—	九、七八六、九二五	—	二一、〇五二、五三六	—	七二、八六八、七九三	—

國別	一九三五年 價值	一九三五年 百分率	一九三六年 價值	一九三六年 百分率	一九三七年 價值	一九三七年 百分率
印度（包括緬甸）	一、二九三、四四一	一·九	二、二三一、一二三	二·四	三、〇八三、〇三一	二·二
泰國	一〇、六六九、三七四	一五·七	一七、一九八、六五三	一八·一	二一、六六二、四九三	一五·一
越南	六八五、二四七	一·〇	一、六五三、二九三	一·七	二、七五〇、三八六	一·九
總額包括其他各國	六七、九六六、二三七	—	九四、八三三、七八六	—	一四三、四七八、六三六	—

251

馬來與印度、泰國、越南之貿易表（單位叻幣百萬元）

年份	進口總額	出口總額	印度包括緬甸 進口	印度包括緬甸 出口	泰國 進口	泰國 出口	越南 進口	越南 出口
一九二三	五五七·五	六六九·七	五四·二	二七·八	七〇·一	二二·八	一一·六	六·二
一九二四	六五三·三	七二〇·四	六七·三	三二·二	七二·〇	二四·七	一五·一	一·七
一九二五	九〇七·九	一、二八一·七	七七·三	三六·八	九三·九	二八·九	一六·七	七·九
一九二六	一、〇〇三·八	一、二六二·五	八八·二	三五·九	一〇〇·四	二八·〇	二〇·二	一〇·一
一九二七	九九〇·五	一、〇六一·七	八一·二	三二·九	一一三·一	二九·四	二四·〇	一〇·三
一九二八	八六〇·六	八四五·〇	七〇·〇	二九·一	一〇二·九	二八·九	二二·〇	九·三
一九二九	八八一·一	九二五·四	七三·五	三二·五	九九·〇	二三·二	二六·二	五·二
一九三〇	七〇六·二	六五七·六	六三·七	二六·六	七八·〇	一九·〇	二〇·三	四·一
一九三一	四六二·〇	四三二·九	四二·〇	一五·一	五二·六	一四·五	八·三	三·三
一九三二	三八四·二	三六七·五	三三·九	一四·二	四七·六	一三·四	四·九	二·四
一九三三	三六二·〇	四〇二·六	三〇·九	一三·四	五二·九	一四·四	五·八	二·〇
一九三四	四六七·二	五六六·六	三〇·一	一八·〇	六七·七	一二·六	六·六	二·六
一九三五	四七五·四	五八一·九	三四·六	二二·三	六七·七	一三·二	九·五	二·六
一九三六	五〇八·一	六三七·一	三二·七	二五·一	七九·一	一二·八	九·四	一·一
一九三七	六九八·五	九〇五·一	四六·三	二八·五	九四·一	一四·四	一三·四	一·一
一九三八	五五九·四	五八一·五	四一·一	二四·七	八五·九	一五·七	一四·七	二·五

五、與中國之貿易

（甲）貿易地位之分析

馬來爲中國貨之唯一主顧、因中國所購馬來之貨、不及馬來向中國購者爲多、若自馬來立點上言之、在銷往馬來之各國中、中國佔第五位（次於東印度、英國、泰國、印度）、直至一九三三年、中國之地位、遂被日本所奪、以十四年來（一九二四年至一九三七年）之平均計算、中國之供給數量、佔馬來進口總額百分之四・五、在購自馬來之各國中、中國佔第八位、次於美國、英國、東印度、日本、澳洲、泰國、印度、平均輸往中國者、佔馬來出口總額百分之一・〇、與中國進出口貿易之價值、在一九二六年以五七、〇〇〇、〇〇〇元（海峽銀幣）、至一九三三年、降至二五、〇〇〇、〇〇〇元以上、及至一九三七年復升爲三二、六〇〇、〇〇〇元、一九三八年則爲二七、〇〇〇、〇〇〇元、但在一九二八年至一九三四年間、馬來不景氣尖銳之時、能維持到此地步、可云已不容易、在貿易總額上、中國之部份、於一九二五年以百分之二・五、到一九三三年時、增至百分之三・三、惟至一九三七年時降爲百分之二・〇、一九三八年爲百分之二・三、玆列表於下：

馬來與中國之貿易表（價值以百萬海峽銀元爲單位、及總額之百分率）

年份	進口價值	百分率	出口價值	百分率	貿易總值	百分率
一九二三	二五・一	四・四	七・五	一・一	三二・六	二・六
一九二四	二六・七	四・〇	七・三	一・一	三四・〇	二・五
一九二五	三四・九	三・八	八・五	〇・七	四三・四	一・九
一九二六	四八・二	四・七	九・二	〇・七	五七・四	二・五
一九二七	三五・一	三・五	八・五	〇・八	四三・六	二・一
一九二八	二九・七	三・四	一二・四	一・五	四二・一	二・五
一九二九	四〇・七	四・六	一〇・五	一・一	五一・四	二・八
一九三〇	三六・二	五・一	八・八	一・三	四四・八	三・三
一九三一	三四・〇	七・三	五・六	一・三	三九・六	四・四
一九三二	二二・四	五・八	四・〇	一・〇	二六・四	三・五
一九三三	二〇・〇	五・五	五・八	一・四	二五・八	三・三
一九三四	二二・五	四・八	五・五	〇・九	二八・〇	二・七
一九三五	二〇・四	四・強	三・六	〇・五	二四・〇	二・三
一九三六	二二・一	四・強	四・四	〇・七	二六・五	二・三
一九三七	二七・六	三・強	五・〇	〇・五	三二・六	二・〇
一九三八	二三・九	四・強	三・一	〇・五	二七・〇	二・三

據中國海關報告所載、在銷往中國之各國中、馬來佔第十五位、以十五年（一九二五年——一九三九年）來之平均計算、中國每年自該地之進口、佔進口總額、尚不及百分之一、在購自中國之各國中、馬來佔第九位、佔中國出口總額百分之二・四、概言之、在一九三一年、中國不景氣開始時、價值雖然一度降低、但貿易額仍極穩定、與中國貿易總額、尚能保持百分之一、與百分之二以內、茲將中國與馬來歷年之進出口數額及百分率、列表如下：

中國與馬來之貿易表（價值以關銀百萬元爲單位、及總額之百分率）（一九三五年起改爲關金百萬元單位）

年份	進口總值	出口總值	與馬來部份 進口價值	百分率	出口價值	百分率	貿易總值	百分率
一九二三	九二三·四	七五二·九	九·二	一·〇	一七·九	二·三	二七·一	一·六
一九二四	一、〇一八·二	七七一·八	九·三	〇·九	一九·六	二·五	二八·九	一·六
一九二五	九四七·八	七七六·四	九·五	一·〇	二三·八	三·〇	三三·三	一·九
一九二六	一、一二四·二	八六四·三	一一·三	一·〇	三〇·一	三·四	四一·四	二·〇
一九二七	一、〇一二·九	九一四·六	一〇·三	一·〇	三二·三	三·四	三二·六	一·七
一九二八	一、一九五·九	九九一·四	一二·五	一·〇	一九·五	二·九	三二·〇	一·四
一九二九	一、二六五·八	一、〇一五·七	一一·九	〇·九	二三·六	二·三	三五·五	一·五
一九三〇	一、三〇九·八	八九四·八	九·六	〇·七	一九·二	二·一	二八·八	一·三
一九三一	一、四三三·五	九〇九·四	八·九	〇·六	一五·九	一·七	二四·八	一·八
一九三二	一、〇四九·二	四九二·六	一二·二	一·〇	八·四	一·七	二〇·六	一·二
一九三三	八六五·〇	三九二·〇	九·四	一·〇	八·八	二·二	一八·二	一·三
一九三四	六六五·一	三四三·二	七·三	一·〇	九·九	三·一	一七·二	一·六
一九三五	五〇四·三	三〇六·六	五·五	一·一	六·八	二·二	一二·三	一·五
一九三六	四一七·八	三一二·六	四·七	一·一	六·九	二·二	一一·六	一·六
一九三七	四二〇·六	三六九·〇	四·五	一·一	八·四	二·三	一二·九	一·六
一九三八	三八八·七	三三一·七	三·二	〇·八	七·六	二·三	一〇·八	一·五
一九三九	五四二·六	四〇八·九	四·八	〇·九	一三·三	三·三	一八·一	一·九
一九四〇	七五五·二	七二九·九	八·四	一·一	二三·九	三·三	三二·三	二·一
一九四一（十月止）	八〇六·一	九五五·六	六·一	〇·七	三三·七	三·五	三九·八	二·二

256

在以上二表比較之下、對於雙方之差額、不無發生疑問之處、例如一九三三年中國之出口、註明關銀八、八〇〇、〇〇〇元、在馬來海關進口方面、應以八、五〇〇、〇〇〇元記之、以代二〇、〇〇〇、〇〇〇海峽元、此間之差額、達一〇、〇〇〇、〇〇〇海峽元以上、此種差額並無其他理由可以解釋、惟因多半貨物係由旅客行李中、自中國夾帶至馬來之故也、諸如此類之貨物、在中國海關之出口欄內、並不包括在內、而在馬來海關之進口欄內、反能現出鉅額數字、除此以外、中國海關對於計算進出口價値之基礎上、亦有數點需要改正、出口貨價、祇計其淨値、而進口貨價、即包括成本、保險、水脚等數在內、諸如此類之矯正、估計平均之差額約佔百分之五、

（乙）與中國之貿易額

自中國海關七十餘年前成立以來、中國與馬來之貿易、於六十年中均係穩長之勢、在一八六八年、貿易額爲關銀九二〇、〇〇〇兩、一八七八年增至一、九〇〇、〇〇〇兩、一八八八年增至三、四〇〇、〇〇〇兩、一八九八年增至四、七〇〇、〇〇〇兩、一九〇八年增至九、二〇〇、〇〇〇兩、一九一八年增至一六、七〇〇、〇〇〇兩、在一九二六年增至四一、四〇〇、〇〇〇兩、達到最高峯、比一八六八年之總額幾增加四十五倍、自一九二六年後、每年之數額均見降低、一九二七年爲關銀三二、〇〇〇、〇〇〇兩、一九二八年亦爲三千二百萬兩、一九二九年爲二千五百萬兩、一九三〇年爲二千八百萬兩、一九三一年爲二千四百萬兩、一九三二年爲一千九百萬兩、一九三三年爲一千八百萬兩、一九三四年爲一千七百萬兩、一九三五年爲一千二百餘萬關金、一九三六年一千一百餘萬關金、一九三七年一千二百餘萬關金、一九三八年一千萬有零、一九三九年則升爲一千八百餘萬關金、一

九四〇年又升爲三千二百餘萬關金、一九四一年（十月止）更升爲三千九百餘萬關金、

（丙）貿易之平衡

中國與馬來之貿易、大都爲出超、自一八六八年至一九三四年、累積之出超數達關銀一三八、六〇〇、〇〇〇兩、而累積之入超數達三七、七〇〇、〇〇〇兩、出超淨額竟達關銀一萬萬兩、一九三五年至一九三九年累積之出超淨額爲一千九百餘萬關金、此數額、或尚估計太低、因中國海關估計進出口價值之方法、根本極爲守舊、甚至將水脚以及其他費用、亦包括在進口貨內、十五年前（除去一九三二年及一九三三年）以來、中國與馬來之貿易、中國方面向爲出超、査此種事實、以及馬來華僑每年之滙欵、亦包括在內、在中國整個貿易上言之、此大宗之滙欵、足以抵銷一切逆勢之付欵也、

（丁）貿易之分析

中國自馬來之進口、包括橡膠、食料（飲料海產品等在內）、胡椒、木材、錫、油染料、但在最近數年中、除橡膠外、並無一項或一類之貨物、達到百萬數字、可見自馬來之進口業、已日益衰落矣、

中國輸往馬來之出口貨、包括食料、紡織品、紙、及其他次要許多物品、在一九三三年至一九四一年、雖有紡織品、紙箔等二三項超出百萬元外、其他項目之數字、略有上下、並且頗爲穩定、在一九三三年至一九四一年、中國對馬來進出口項數、上升之趨勢、列表於下：

貨名	一九三三年份	一九三四年份	一九三五年份	一九三六年份	一九三七年份
食料、動物、植物產品及飲料					
動物及其產品	一六三、四五七元	二四九、二二四元	五八八、二〇四元	六三〇、七八七元	八四七、四四七元
魚與海產品	八九、六二五元	六四、五五七元	六三、七八四元	九一、〇八二元	一五二、六九八元
豆	三六一、一六六元	三三三、八一四元	一五〇、七四二元	三四九、三九五元	五七〇、七九〇元
雜糧及其製品	二一、七四三元	一三七、五四七元	九四、八〇五元	二一、八六四元	二〇〇、三五五元
鮮菓、乾菓、製菓	七〇七、三五三元	八八〇、四四九元	九六六、三四一元	一、一六四、八五一元	一、四七四、四五〇元
藥材及香料	一九三、〇九四元	一九七、一六六元	二六九、七五三元	二四六、〇七八元	二六、九八二元
油、花生油	八二六、四〇三元	二九四、五九一元	一六四、〇二〇元	一七七、〇〇四元	一八五、〇一七元
子仁、瓜及花生	二、八三四元	一一三、二三五元	三一三、七五九元	一九〇、六七九元	二一四、六六七元
酒	一四四、八二六元	二九四、五九一元	三三三、六二八元	四七八、七二三元	五一九、八五九元
茶	三二八、三八八元	三九四、七〇四元	三八七、七六八元	四五六、三七一元	五三二、五〇四元
菸草	三八六、九一九元	二二六、八八七元	一七四、〇六二元	一五五、三六五元	一四四、二九八元
菜蔬及其產品	一、五八九、八九六元	七一九、五〇六元	一、〇四一、九三三元	一、一五八、八五八元	一、五八四、一七八元
竹	六四、一三五元	八三、〇八九元	七五、七〇〇元	九九、五七六元	一三三、六六〇元
木材、木、木製品	二一、一八五元	四一、七〇〇元	五七、七六〇元	九四、八三五元	一五八、三三一元
紙、錫箔、印刷品					
頭二等紙張	二七、一八五元	一三九、八五九元	四〇二、二五八元	三九四、三五七元	五二五、六三五元

259

中國輸往馬來之出口貨物表（二）

（單位——國幣）

貨名	一九三八年份	一九三九年份	一九四〇年份	一九四一年份（十月止）
食料、動物、植物產品及飲料				
動物及其產品	五九七、〇七二元	九〇〇、五二六元	一、〇七五、一九三元	一、三五三、三三六元
魚與海產品	三六六、七〇八元	五七〇、一九三元	八二二、五三七元	八九九、六九五元
豆	七四、五八六元	四五一、九六五元	三、三八五、七五一元	四、五七三、四〇二元
雜糧及其製品	六一、三三七元	一五五、五三四元	四〇七、三三三元	三三五、七六六元
鮮菓、乾菓、製菓	二、六〇七、二四三元	一、七三九、〇一三元	六六六、二九九元	八〇九、四九六元
藥材及香料	一三五、四七三元	一二〇、五三一元	一二四、四九五元	一九三、五三〇元
油、花生油	六六、五九六元	三一四、三〇五元	三〇〇、二三六元	五八、八四三元
子仁、瓜及花生	二一七、九三八元	一九五、一七一元	七七一、九〇三元	二七一、一二九元
酒	二〇三、七三七元	一八六、七八六元	三五九、五一九元	一八〇、六六五元
茶	二九一、九〇七元	一七五、三二七元	二、一〇七、一二八元	一、五八五、七九九元
菸草	八五、四三〇元	三三、一九二元	二〇、三九四元	三六五元
菜蔬及其產品	二、四三六、六五三元	一、六二〇、七六五元	三、八八〇、六三〇元	七、二一七、〇三九元
竹	一二七、六七二元	五九、六六六元	七五、四九〇元	三三四、六一九元
木材、木、木製品	一五六、八八四元	三九七、七七九元	七五四、〇四二元	五一四、六九二元
紙、錫箔、印刷品				
頭二號紙張	四四〇、八一七元	五一〇、〇七二元	四四九、〇一七元	二、三六九、三五六元

280

中國輸往馬來之出口貨物表（三）（單位——國幣）

貨名	一九三三年份	一九三四年份	一九三五年份	一九三六年份	一九三七年份
錫箔	九四二、九五七元	一、一〇八、四三七元	一、〇九四、六三七元	一、三三一、一二〇元	一、七一六、二六七元
印刷品	三三八、二四二元	四六六、五〇一元	五三二、八八七元	六四七、八九六元	五五五、七三四元
紡織品、棉紗及疋頭					
紡織纖維	一二一、〇五八元	一一六、五八五元	三〇、二八三元	一四七、四五八元	四三、二四二元
紗、線・及編織物	六七二、六四六元	一、〇九一、〇七三元	七九五、六四六元	九五九、九七一元	一、〇七一、六一三元
疋頭	二、二一九、〇七八元	二、五五九、〇六四元	一、六一〇、〇九三元	二、〇一七、七二〇元	一、八三八、〇五五元
其他紡織品	八七六、八〇三元	一、〇七〇、五七九元	八〇一、五七四元	一、二二四、九六七元	一、三九三、三四二元
金屬及金屬製品	一三一、四一三元	一九八、八三二元	二三〇、六〇三元	六〇八、九二二元	一、〇〇三、三五三元
玻璃及玻璃器皿	三〇、四三五元	七六、〇五四元	六八、六九三元	七三、五〇七元	一〇〇、一九三元
磁器及搪磁器皿	二四四、三〇八元	二八八、一九九元	一六一、五〇四元	一七〇、六二〇元	三一九、四一〇元
皮革及其製品	四八〇、七二七元	六七八、六七四元	四、八二四元	七、五七〇元	三、二五九元
化學品及化學產品	三九四、二七五元	六二六、七七〇元	二八五、三九五元	三四二、一〇九元	八六四、五一六元
雜貨、及其他物品	二、一六六、九八八元	二、五六三、四六一元	二、二二八、三六七元	二、三三五、三三六元	三、一四一、九五八元
共計國幣	一三、六四五、一一〇元	一五、四六九、三九九元	一三、九〇七、〇〇〇元	一五、六五五、〇〇〇元	一九、二二三、〇〇〇元
或爲關金	六、九八八、七六七元	七、八六五、一二二元	六、八八四、〇〇〇元	六、九三八、〇〇〇元	八、四五五、〇〇〇元

261

中國輸往馬來之出口貨物表（四）（單位——國幣）

貨名	一九三八年份	一九三九年份	一九四〇年份	一九四一年份（十月止）
錫箔	一、五六九、七九八元	一、五一八、九三三元	二、五五五、八一五元	三、一九九、〇五一元
印刷品	四五五、三四七元	六九七、八八五元	九四八、四三七元	四九九、一八一元
紡織品、棉紗及疋頭				
紡織纖維	三五五、九一六元	二一七、〇一〇元	三七六、六二九元	一、六七六、〇六三元
紗、綫、及編織物	八一八、六一四元	三、〇六一、二四七元	四、三四八、三一六元	七、四八六、七四五元
疋頭	一、五一五、三四三元	四、九七一、〇九三元	七、六三五、〇一五元	一〇、九三三、三五五元
其他紡織品	一、五五三、七八〇元	四、二〇三、三五二元	五、六九六、六八二元	九、五九六、七四八元
金屬及金屬製品	一、〇四八、一五六元	六、四九九、七三六元	七、〇九三、〇六〇元	九、一〇〇、三七一元
玻璃及玻璃器皿	三七三、四三〇元	一、一八五、〇四八元	三、五六六、七〇一元	三、五四〇、七三一元
磁器及搪磁器皿	五四八、三三七元	一、五一九、〇一八元	二、二二八、五八一元	二、一六〇、三九一元
皮革及其製品	一〇、四九五元	三六、一六八元	八、四〇五元	四七、四六六元
化學品及化學產品	七五六、四七三元	二、〇〇一、五八五元	三、七〇三、七六六元	四、一五六、六〇〇元
雜貨、及其他物品	三、五一七、七九一元	六、五四〇、〇三五元	一四、九五九、七七五元	一九、三三六、九六五元
共計國幣	一七、三四八、〇〇〇元	三五、七六六、〇〇〇元	六四、八六八、〇〇〇元	九一、四八九、〇〇〇元
或爲關金	七、六三五、〇〇〇元	一五、五五八、〇〇〇元	二三、九六三、〇〇〇元	三五、七九七、〇〇〇元

中國從暹來進口之貨物表（一）　（關金單位）

貨名	一九三三年份	一九三四年份	一九三五年份	一九三六年份	一九三七年份
橡膠及其製品	一、三三四、七七九	一、四六九、一七三	一、三四一、〇四三	一、八三三、六一三	一、四二六、五三一
藥材及香料	八五三、一四六	六六五、三一〇	九四四、一四一	四五三、六六八	四三一、九五一
魚及海產品	八八六、九六八	六四一、二三六	五八五、三二〇	四四六、九六一	四一九、九五八
木材	三七七、一四九	四四〇、二〇五	三七六、六四四	一七三、四三五	一五三、三四八
金屬、礦砂（錫塊）及金屬製品	五六三、三二八	一八一、三三〇	九八、七四四	一〇三、一六〇	一五四、五一五
染料、顏料、油漆、凡立水	三六八、四九四	一七九、四六九	二五四、一〇八	一四四、九九三	一四〇、八八四
雜糧及雜糧粉	一八八、〇九三	七五、六七三	五三、八四四	四三、四六八	四三、九〇八
動物產品、罐頭食物、及雜貨	一三三、八五五	一〇九、一一一	九九、〇三四	六九、三九五	五〇、六〇一
菓品、子仁、菜蔬	六〇、〇六〇	一一八、〇三一	四三七、七七一	五六六、九一二	八一一、四六八
石油	九四、〇七九	一三	九、七三四	七、三九七	二〇、九一〇
皮革	八五、七七三	四一、三五六	六六、一一〇	七四、一七七	七一、五一八
苧蔴、黃蔴	三一、五〇六	二一、四〇五	一四、六四〇	五六、〇五六	八〇、八八七
機器及另件	六六、八一六	一五、一一六	五二、一八六	一三、九五三	一〇、五五二
樹膠及松香	一〇、八一六	三六、九一二	五七、一五一	九、一〇五	三〇、三三四
棉布疋頭	六、〇五九	一、六五九	—	—	—
菸草	一三、九九七	三、一八五	—	—	—
雜貨、及其他物品	二、六六七、一一五	一、八〇八、五四三	一、三一〇、六三一	八〇九、八五三	七三四、八三五
共計　關金	七、四七三、三九五	五、八一五、四九三	五、五六五、〇〇〇	四、七八九、〇〇〇	四、五五二、〇〇〇
或為國幣	一四、五六六、七八七	一二、四一三、五〇六	一〇、三一三、〇〇〇	一〇、八六七、〇〇〇	一〇、三六二、〇〇〇

263

中國從馬來進口之貨物表（二）　（關金單位）

貨　名	一九三八年份	一九三九年份	一九四〇年份	（一九四一年份一月至十月止）
橡膠及其製品	七七、〇六四	一、六七三、九七二	二、六〇八、七四五	四七七、二四七
藥材及香料	四六九、五四九	九六一、四四四	一、九六七、〇八六	一、四五三、八五四
魚及海產品	三四〇、〇五二	三〇〇、四四四	二四四、九八〇	五〇六、一六一
木材	五九、七九六	五四、七六一	四、三五九	五五、五二一
金屬、礦砂（錫塊）及金屬製品	一四六、二二四	一五一、一八五	七五五、四三九	六一五、六四六
染料、顏料、油漆、凡立水	一四一、三一六	一五七、〇〇〇	一九五、二四三	三三四、二三三
雜糧及雜糧粉	一三七、九三三	三一、四一一	九九、四三二	二九一、九六一
動物產品、罐頭食物、及雜貨	四〇、七八七	七七、九一九	一八、〇一五	三六、五六一
菓品、子仁、菜蔬	五五、一五七	一六、四三九	一五六、六八〇	二七、四八〇
石油	三三、九三九	一一、五九三	—	—
皮革	七、〇四七	二九八	七八、一八八	五九、六四五
苧麻、黃麻	三〇、五七〇	三〇、七九一	九五、五一三	七、七四八
機器及另件	四、〇一〇	五、四三四	二、一九五	六五七
樹膠及松香	一七、五六一	三六、五七四	七七、二二三	七一、五六五
棉布疋頭	—	—	—	—
菸草	—	—	—	—
雜貨、及其他物品	九四三、三三九	一、三四六、七四五	二、一四九、八七九	二、八六四、一四六
共　計　關金	二、五一七、〇〇〇	四、八三八、〇〇〇	八、四五一、〇〇〇	六、一八一、〇〇〇
或爲國幣	七、五一五、〇〇〇	一二、〇五三、〇〇〇	三二、八七六、〇〇〇	一六、七五三、〇〇〇

六、華人之重要

（甲）人數之實力

馬來之人口、頗爲複雜、包括中國、馬來、印度、歐洲、歐亞種、以及其他各國之人民、前巳述及、馬來之人口、依據一九三一年之人口調查、爲四、三八五、一一五人、其中在海峽殖民地者、爲一、一一六八、八六〇人、在馬來聯邦各州者、爲一、七二二、九四一人、及在馬來屬邦各州者、爲一、四九三、三一四人、在馬來、華人總數爲一、七〇九、四〇〇人、分佈於海峽殖民地者、爲六六三、五一八人、在馬來聯邦各州者、七一三、一七三人、及在馬來屬邦各州者爲三三四、三三四人、在海峽殖民地、中國人口數量較其他所有人民爲多、其各位比率、華人佔一、〇〇〇人、馬來人爲四三〇人、印度人爲二〇〇人、歐洲人爲一五人、歐亞種人爲一七人、其他國籍者爲一七人、在馬來聯邦各州、中國人口數量、亦爲第一、其各位比率、華人爲一、〇〇〇人、馬來人爲八三〇人、印度人爲五四〇人、歐洲人爲九人、歐亞種人爲六人、其他國籍者爲二〇人、在馬來屬邦各州、華人代表其人口五分之一、其各位比率、華人爲三〇〇人、馬來人爲一、〇〇〇人、印度人爲一〇〇人、歐洲人爲一人、歐亞種人爲〇・五人、其他國籍者爲五〇人、由此觀之、在馬來之華人、其人數之實力、相當強大也、

中國人移民到馬來、開始在許多世紀以前、當在唐宋時代、商業往來、已發展至重要之地位、有明時代、發現大批華人流入馬來、因到達該處之華人極早、且其人數之實力亦頗偉大、故在此數小島上、即形成一種小「王國」之勢力、但此等所謂中國海外之小「王國」、並未得到中國政府之保護、

而且在眞正之行政上亦缺乏正當權力及威望、故彼等在歐洲殖民未達該地之前、則早已失勢、但居於該處之華人、無論爲暫時性或永遠性、而對於經濟上之生活、始終較在政治上爲有興趣、因此彼等在南洋一帶、固有如此優越之立足地及背景、凡對於建設及占有權上、可云永不煩惱始終不懈、故一般華人、迄今仍被「幸運」之夢想、「啓發」之動機所誘、鼓動彼等之冒險精神、漂泊南洋各地、在極短時期中、常有「暴發」「得志」等新聞傳至中國、引起一般人之「野心」與「希望」、甚至有冒險乘坐漏水之帆船、紛往南洋經商謀生、華人並不與歐人相同、隨身攜帶武器、時常與土人酋長等作襲擊之準備、彼等之「遠征」隊、無非包括數隻帆船、裝載許多毫無組織惟有樂觀之幸運追求者、

（乙）華人之情形

自十九世紀以來、中國殖民在馬來之人數增加頗多、原來大部之殖民均屬「自由」性或「契約」性之勞工、契約勞工制始於十九世紀之初、迨清末時更爲普及、尤以昭南島檳榔嶼二地爲最、彼等大都在礦中或農場內專操愚笨之苦工、實際上與奴隸無異、故在一八六八年時、中國政府對於違犯者、曾有斬首之處分、嚴禁勞工出口、但違犯者不顧一切、仍操「販猪仔」之貿易、直至一九一四年、華僑雖一再請求英當局、准於進口契約勞工、但結果均遭禁止、

居於馬來之華人、大半來自廈門、瓊州、汕頭等地、在以往之中國殖民、均極勤儉耐勞、而馬來土人則均貪吃懶做、不知儉省、當橡膠價昂時彼等荒廢米田而種橡樹、將售出橡膠所得之欵購進食料、當橡膠呆滯時、則又轉種米出、彼等生活似乎頗爲容易、除非囊空如洗、決不顧慮工作、如此性情、一生決難達到成功之途、結果一切事業均被來自中國及印度南部而有毅力之勞工所取代、華人爲開

266

發新事業所不可缺少之先鋒隊、尤以橡膠種植及錫鑛等工作為最、該兩業在馬來得有發達之因、全係中國勞工華人資金雙方協助而成者、華人對於該國之發達、不但係重要之原素、且亦為該國珍貴之資產、因華人在馬來各方之經濟生活上、上至資本家實業家、下迄平民勞工、均佔有重大地位、彼等並組織許多商店、凡狹窄之街道、繁雜之人民、華美之招牌、到處可見、許多地方、均形成一種華人城市之色彩、彼等非常强而有勢、華語——尤以廈門語為最——到處通行、即在馬來、檳榔嶼、昭南等地亦通行云、馬來百分之九十之捐稅、係徵自華人、此乃不足為奇之事實也、

（丙）移民

多數華人為橡膠及錫鑛兩業之勞工、該兩業之興盛、直接影響勞工之進出、間接影響經濟情形、以及非勞工移民之利益與移動、故馬來商業之起落、立即反應移民活動及華人滙欵、中國與馬來之間、凡出外人數超過返里者、或滙往中國之滙兌、時有變化等情、即係馬來興盛之表示也、當在不景氣時、返回中國之移民立即增加、而滙往中國之滙兌亦即劇減、

一九二五年時橡膠銷路擴張、大量移民自華衝入馬來、橡膠業之不景氣始於一九二六年、錫業又崩潰於一九二八年、此時自華至馬來之移民遂漸減少、直至一九二九年、當時華人返國之數多於到達之數、一九三一年時、華人離馬來之註冊淨額為一三三、八一五人、一九三二年之數額為七八、〇〇〇人、一九三五年減至一五、四三四人、而一九三四年抵達馬來之餘數又為一八、六七七人、此種數字、極其顯明、足以表示一九二八年至一九三一年之間、商業不景氣之嚴厲矣、馬來政府當局、有鑒此種嚴厲情形、當在一九三〇年八月頒佈限制移民法令、以此每月祗准華人進口六、〇一六人、至一

九三一年時、限制法更進一步、自正月至九月每月祇限五、一三八人、自十月至十二月祇限二、五〇〇人、而馬來聯邦各州則完全禁止移民入境、此種每月數額、祇用於成年男人、而華婦及兒童則不在限制之內、自一九三三年正月起、每人又徵人頭稅五元(海峽通用幣)、又强迫中國居留民嚴格登記、

馬來限制鑛務政策成功後、造成錫價飛漲之趨勢、一九三三年每噸自一五〇鎊漲至三二〇鎊、嗣後產額加多、亦即中國移民數復增之表示、限制中國勞工入境雖仍在實行、但在一九三三年時、每船准乘之旅客、每次均裝載滿船、一九三四年時海峽殖民地之鑛、橡膠、紡織等業均加以改進後、自廈門、汕頭、瓊州等處運來之移民數額、又大量增加、茲將一九三三年至一九三七年間、中國移民往來、列表於左:

中國移民往來表

年份	從中國至馬來	從馬來至中國	超過額
一九三三年	一二四、四六〇人	一五五、六三八人	三一、一七八人(出超)
一九三四年	二二三、八九二人	一六二、二五三人	六一、六三九人(入超)
一九三五年	二七八、一六八人	一八七、一八二人	九〇、九八六人(入超)
一九三六年	二八二、二九九人	二〇六、四九八人	七五、八〇一人(入超)
一九三七年	四〇二、五六三人	二二二、〇六一人	一八〇、五〇二人(入超)

（丁）滙兌

馬來向爲中國收入滙欵主要之來源、因每年鉅額之入超、與其他要素之關係、中國對於償付平衡上、不得不設法以應付此種嚴重問題、據雷麥博士（Dr. Remer）一九一三年至一九三〇年期間之調查、中國每年各項主要付出滙欵、平均爲一、五六九、九〇〇、〇〇〇元、玆分類如下：

政府債欵	七〇、九〇〇、〇〇〇元
商業投資	一三八、八〇〇、〇〇〇元
商品進口	一、二九七、三〇〇、〇〇〇元
銀塊進口	六二、九〇〇、〇〇〇元
共　計	一、五六九、九〇〇、〇〇〇元

各項主要收入滙欵、每年平均總額一、三七七、三〇〇、〇〇〇元、分類如下：

流通項目	
海外滙欵	二〇〇、〇〇〇、〇〇〇元
金塊出口	三、三〇〇、〇〇〇元
商品出口	一、〇二五、三〇〇、〇〇〇元
出口矯正額（百分之五）	五一、三〇〇、〇〇〇元
流通項目總數	一、二七九、九〇〇、〇〇〇元

資金項目	
中國政府借款	二三、八〇〇、〇〇〇元
新事業投資	七三、六〇〇、〇〇〇元
資金項目總數	九七、四〇〇、〇〇〇元
共計	一、三七七、三〇〇、〇〇〇元

在付出滙款及收入滙款雙方之總額相抵後、仍剩有一九二、六〇〇、〇〇〇元不明之差額、此種不明之差額、其中主要者係外國領事之公費及外交之維持費、海陸軍機關之軍費、以及其他次要之費用等等、在中國方面、足以減少鉅額之入超、

往年因商業之不景氣、在馬來之華人滙家之滙款會見劇減、茲據記錄所示、在一九三〇年滙款總數達五千萬元、迨一九三一年降至四千五百萬元、一九三二年減爲三千七百萬元、一九三三年降至三千六百萬元、一九三四年更降至二千五百萬元、嗣後馬來商業逐漸恢復、而在一九三五年之滙款、據報仍爲減少、此點乃使人所驚奇者也、

270

第五章　越南

一、概　論

越南（Indo-China）包括交趾支那（Cochin-China）安南（Annam）柬埔寨（Cambodia）老撾（Laos）及東京（Tonkin）五州、北與中國爲界、東、南爲南海、西與泰國緬甸爲界。

越南因地理位置關係、似成爲經濟文化之邊陲、但在其他地理要素而言、沿海一帶、較之內地各路、又成爲貿易活動中心地、山脈綿亘於東京上部及中國之間、分離平原與三角洲之銜接、並截斷沿海各區與腹地之關鍵、不啻爲一天然界線、自用鐵路運輸以來、迄今仍未見十分發達、越南主要物産在內部之運輸、得利於紅河湄公河及其支流者殊多、該二河在內部運輸上、極爲重要、與亞洲南部及遠東各國之經濟活動、悉由海路聯絡之、氣候極熱、經年祇有乾濕兩季、

在政治定數上而言、越南附屬於西方者較東方爲多、法國佔領交趾支那約在六十年前、繼又得安南、東京二州之保護權、在第一次歐戰前七年、復完全獲得柬埔寨、越南全部主權、自歸法國治管之後、向與中國進貢之關係遂即斷絕、在此極短時間、法人乃乘機施行經濟侵略、排擠華人等政策、故得佔有全部越南之經濟統治權、

（甲）面積與人口

越南之面積總計二八五、八〇〇方哩、據一九三六年十二月人口調查所載、總計二三、〇三〇、

○○○人、人口密度每方哩平均八十餘人、此總數乃包括各族土人以及外人等在內、玆將各種人口之百分率分配如下：

土人總數之百分率	
安南人	七三・五
東埔寨人	一二・五
汰族人（Thais）	五・三
其他土人	六・四
外人總數之百分率	
中國人	二・〇
印度人及其他外人	〇・一
歐洲人	〇・二

在越南各州區域內之人口數字則大有上下、其中人口最繁者、首推東京州、最密之區爲湄公河流域、與南海沿岸、以及大湖各地、交通不便、爲平均人口分配上極大之阻礙、又因各州氣候、種族、言語、以及風俗之不同、影響各處居民者更大、因此種種關係、往往居慣某地之人民、又不適居他處、故人口有分配不均之憾、玆將一九三六年各省面積、人口、密度例表於下：

州名	面積（千方基羅米突）	人口（千單位）	每方基羅米突之人數
安南	一四七、六	五、六五六	三八

東埔寨	一八一、〇	三、〇四六	一七
老撾	二三一、四	一、〇一二	四
交趾支那	六四、七	四、六一六	七一
東京	一一五、七	八、七〇〇（X）	七五
越南總額	七四〇、四	二三、〇三〇	三一

（X）包括法人二一、〇〇〇人、而士兵各州並未分配、

（乙）物產

米爲越南最要產品、居產米國之第三位、僅次於印度及中國兩國、因其米產之重要、反使玉蜀黍、煤、魚、水泥、橡膠、胡椒等產品因之減色、越南之米、東印度羣島之糖、馬來之橡膠、均有同等之名貴、尤以湄公河三角洲、最適於米產、舉目顧視惟見一片米田、稻苗隨風波動其間、自東京州起遠迄安南高原、遍野盡屬稻田、每年產米極鉅、國內需要尚不及產量之半數、故大量產米、均輸往外國、佔越南出口貿易總額百分之六十五、此外尚有大量其他同等主要農產品、如玉蜀黍、橡膠、絲綿、茶等、產量皆多於國內需要之上、因之出口量穩進不息、越南亦有鑛產品、尤以東京州附近所產之煤爲最多、錫鑛亦有開採出口、輸往亞洲鄰國之煤、爲其主要之鑛產、皮革、橡膠、水泥等多半輸往法國、越南與法國及其領地間之貿易關係又較爲親密、玆據關稅政策所示、法國恒以製造品易其農產品、故越南不啻爲法國製造品唯一之出路也、

（丙）交趾支那

交趾支那州位於越南半島之南端、屬於州長管轄權及殖民地管理局之下、州長係由越南總督所委、交趾支那之所以成爲越南最興盛之州者、發達原因頗多、其中最要者莫如肥沃土地、優良交通、迅速運輸、以及中國殖民自昔迄今之經營商業、日新月異、進步迅速所造成也、

（丁）西　貢（Saigon）

西貢爲交趾支那州之首府、位於西貢河之右、距海約三十八哩、大部產米出口均操於此、與仰光、曼谷、同爲世界米產出口之主要港口、

西歐倫（Cholon）距西貢僅二哩半、爲越南華人商業最重要之城市、該城設有大規模之礱米廠、商肆如鱗、不可勝數、凡陶器、寶塔、龍標、戲院、酒館等類、全係中國色彩、表示華人之特性、十五世紀時、交趾支那始經中國殖民建設之、後在一八七四年與法人訂約、遂歸法國所有、

（戊）東　京

東京州在越南之北邊、在商業重要上、次於交趾支那、爲各州中人烟最密之一州、而五穀產品、反不如交趾支那之著重、東京州爲越南蘊藏煤量最富之區、估計數量達二〇、〇〇〇、〇〇〇、〇〇〇噸、大部爲脆質白煤、每年大部出產輸往中日者、估有二、〇〇〇、〇〇〇米突噸之多、尤以品質優良、熱力高强之鴻基煤最爲著名、此種礦煤、最適於鍛冶工廠以及其他工業目的之用、但越南本身缺少鐵鑛、故阻礙鍊鋼工業之發達、影響極大、對此品質優良之礦煤、又不能盡量利用、殊爲惋惜不幸之事也、

河內（Hanoi）係東京州之首府、爲紅河右岸發達之城市、距河口約有百哩之遙、四通八達、爲

交通之要地、有鐵路水運之便、百貨雲集、街市繁盛、

海防（Haiphong）在富良江一支流之河口、爲東京最要港口、扼據鐵路中心、東京大量貿易進出、均操於此、東京之鐵路遠至中國雲南省之雲南府、及廣西省之龍州、若從鐵路收付上觀之、該路侵入中國之業務亦頗發達也、

（己）安　南

安南州居於東京及交趾支那之間、沿海伸展、面積狹長、西有綿亘山脈橫於其中、安南族遍居沿海各城、而各部蕃族則居於多山之區、畜牧事業極爲重要、煤礦亦有數處開發、首府順化（Hue）輪船不易達到、故安南大量貿易、皆由茶麟（Tourane）港口進出、

（庚）東埔寨與老撾

東埔寨與老撾二州、因有湄公河及其支流而橫貫全部之故、成爲西貢內部富庶之區、東埔寨安鑾（Angkor）城之名勝古蹟、更頗富麗堂皇、莊嚴偉大、頗足代表安南古時[illegible]築、非但含有歷史價値且係唯一之建築物、能與埃及古國相媲美、欲達安鑾須先經東埔寨首府北嫩濱、

一八九八年時自中國租得廣州灣、迨一八九九年復加入灣中兩島而擴大之、至一九〇〇年時、又成爲自由港、則歸越南總督所管轄矣、

二、經濟狀況

（甲）簡　史

越南係中國近鄰、彼此間有極親密之歷史關係、中國爲文化先進國家、故越南得益於中國者殊多

、據中國歷史所載、在紀元前一一七年時、秦始皇征服廣東、曾設爲南郡、在中國版圖上、包括廣東西南部、以及越南北部等地、同時亦照例委任中國官員爲該地元首、一切情形均與中原相同、當漢武帝時、又在南夷（越南）分爲九行政區域、以固中國主權、在梁朝時、越南因欲獨立而略有擾亂之事、至隋唐時、中國在越南之威勢、仍繼續存在、但在五代之亂時、國內自顧不暇、越南乘機復告獨立、直至明朝時、又被中國克服、復分爲數區、迨滿初時、中國又失其權勢、雖屢次征服、但終未成功、當乾隆在位時、遠征南方、又認越南爲中國之屬國、歲歲進貢、相安無事、後在清末時、政治腐敗、國勢因之日弱、又加藩屬之間發生戰事、結果因抵抗力薄弱、不勝法國之、

在此期間、法國得在越南暢其所欲、極力擴展權勢、查法人殖居越南之時、約在三百年前、以耶穌修院神父（Jesuit Fathers）爲第一人、在一六八四年由法國東印度公司派代表至越南討論簽訂商約之事、後得該使團之鼓勵、遂在一七九七年始與越南直接簽訂條約、至一八六二年又與西貢訂約、自此法國在越南之經濟、政治、勢力更加擴大、

至此法國又與越南各州、繼續簽訂條約、一方警告中國當局、法國須用軍備保護在該地已得之權利、中國因欲保持歷代沿傳之主權、故亦遣派遠征軍至越南、後在一八八五年、以越南問題、遂發生中法之戰、結果、中國失敗、法國得勝、中國在越南之主權、遂即轉入法國之手、以前曾與法國訂約之交趾支那、亦同時宣告歸法所有、在一八七四年時、東京及安南二州已成爲法國之保護國、柬埔寨於一八八四年、及老撾於一八九三年、亦均先後成爲法國之保護國矣、

（乙）經濟情形

細查該國經濟情形、約在一九二五年時、與熱帶鄰國之貿易、頗爲興旺、原料出口業亦異常發達、當此興盛時期、頗引起政府之注意、即從事建設計劃、以謀改進國家、惟自實行建設公共工程以來、曾遭遇種種困難、故自一九三〇年後、貿易趨勢劇降、痛受世界經濟崩潰之打擊、含有大量農產品與鑛產之越南、在原料出口貿易上、又暴跌不息、因之失其主要收入來源、加以米、橡膠、錫、鋅等跌價、私人及商行、雙方莫不大受損害、而尤以農民之遭遇窮迫爲甚、當此經濟困難之際、同時復加以水、旱、風等天災、致使許多區域之人民、皆變爲貧窮難民矣、在此數月中、越南所受之打擊更重、其中數部且有地震之災、此種不幸災難、頓減少人民消耗、商業因之不振、故在一九三〇年越南之預算表、虧損慘重、自此改變經濟政策、對於公共建設事業等費用、採取嚴厲緊縮方法、越南之情形影響及世界不景氣、而世界不景氣又影響依靠外國市場之出口國、該國前途如何、則全繫於法國、而法國在世界不景氣下之各國中、尚係其中較佳者、故西方經濟勢力在越南、較之東方者尤爲重要、但此種勢力、幾乎全爲法國之勢力也、

近來經濟活動力、又呈復興之象、在一九三五年、該國米之出口、曾達其最高峯、爲三十年來所罕見、各種次要工業、如橡膠錫等、在新方針指導下、均有良好準備、預與世界競爭、除此之外、對於增進貿易企圖上、又不遺餘力、整頓一切、政府當局以互惠原則與各國簽訂通商條約、包括中國在內、有此和解之後、該國主要產品如米、煤等出口、復呈活躍之徵、而自各國之進口、亦見增多矣、

（丙）外國投資

外資在越南之數額、確知者極鮮、現既爲法國殖民地、法資直接投於該國者、其數當超出其他各

國、茲據丹納萊（E. Dennery）教授、在一九三三年第五次太平洋學會、所撰稿紙內載、一九三二年在該殖民地法國投資總額爲一〇、三〇〇、〇〇〇、〇〇〇法郎、其中投於政府債券者達三、〇三〇、〇〇〇、〇〇〇法郎、投於工業者達二、六三〇、〇〇〇、〇〇〇法郎、投於金融機關者達一、六八〇、〇〇〇、〇〇〇法郎、投於農業者達一、三一〇、〇〇〇、〇〇〇法郎、投於商業者達八七〇、〇〇〇、〇〇〇法郎、投於交通運輸者達七九〇、〇〇〇、〇〇〇法郎、細察上述數字、殊感興趣、投於工業鑛業之數字、自一九一八年來仍未改動、投於農業者自一九一九年以來、較之昔年增加有五倍半之數、附此農業額外增資、乃係根據斯梯芬生計劃而行者、當橡膠業興盛時期、以及其他農產品等亦無不坐享鉅利、

英美之直接投資額、因不甚顯著、故難估計、大都已包括於馬來標題之中矣、

關於華人在越南之鉅額投資、亦難估計、但近來亦已降跌、迄今法人已不重視矣、

三、商業實務與組織

越南雖不及東印度羣島、馬來之發達、但其貿易組織却有類似彼等之處、若加以詳細分類、以進出口批發業居第一位、中級批發業居第二位、零售業居第三位、與西方貿易之進出口業、握於法人手中、與亞洲鄰國貿易之進出口業、乃操於華人之掌、其中尤以米、魚、蝦、肉桂、蛋、乾荳等出口爲最多、此等貨物全係華人之食料、故由中國商人壟斷之、此種土產貨物、皆不能脫離華人之手、大都由在越南中國商人向土人買來、華人又執當地米、魚、肉桂等業之牛耳、其貿易方法、先行囤積、後施碾製手續、再輸往中國、或出售與他埠之商人、如輸往法國時、華人祇將產品轉入法商出口行即妥

、蓋因彼等在國內均設有代理人、或營業所耳、關於自中國進口之各種貨物、大都專爲中國居民之用、其分配範圍悉由華商批發行及零售商務擔任之、非但如此、即進口之法貨銷與土人者、亦無不經中國中間人之手也、由此觀之、法人佔進出口業之重要地位、土人佔生產與消費之重要地位、而華人則佔進出口、批發行、零售商、中間商、以及其他各種重要貿易地位、

（甲）金融機關

主要銀行爲東方滙理銀行、開設於西貢、海防、河內、北欖濱、茶鱗等數處、滙豐銀行、麥加利亦均有分行、法文爲通商文言、越南語爲土人通用言語、英文用者極少、即瑞士法國以及其他歐商亦不重用之、華人大都喜與外商銀行往來、該處亦有華商銀行兩家、即富滇新與東亞兩行耳、華人商業團體、則有中華商會設於西貢海防等地、

（乙）貨　幣

越南通用貨幣之單位爲越元庇阿斯脫（piastre）銀幣、重廿七公分、成色爲十分之九、按照彌佈法令之規定、每庇阿斯脫等於十法郎或〇・三九二〇美國分、庇阿斯脫又分爲一〇〇分、每分又分爲五沙倍克（sapek）、主要輔幣爲五〇分者、二〇分者、一〇分者三種銀幣、東方滙理銀行發行之鈔票爲主要流通券、此種鈔票在西貢或巴黎均十足兌取金幣、一九三三年十二月一日鈔票流通總額爲九一、一八五、六二四庇阿斯脫、而一九三二年十二月一日銀行金屬準備金數達五二、八一〇、〇〇〇庇阿斯脫、自一九三〇年穩定金融以來、庇阿斯脫之滙兌率、照上述比例、又與法郎價値極近也、查一九三五年紙幣及硬幣流通總額共計九五、〇〇〇、〇〇〇庇阿斯脫、其中紙幣發行額爲八八、三

〇〇、〇〇〇庇阿斯脫、紙幣實際流通額爲八二、五〇〇、〇〇〇庇阿斯脫、輔幣鑄造額爲一七、三〇〇、〇〇〇庇阿斯脫、輔幣實際流通額爲一二、五〇〇、〇〇〇庇阿斯脫、

四、國外貿易

（甲）早年之貿易

在紀元前二百年時、中國始與越南發生政治關係、而貿易關係、亦即起於此時、當越南進貢中國之際、由使節帶來貨物、與華人貿易、此種貿易全係附屬性質、終未達到顯著地位、後在十五世紀時、安南、交趾支那、及沿海一帶居有多數中國移民、至此越南與中國之間、始逐漸發生國外貿易關係、如與其他鄰國者相同、住於該處中國殖民之衣服、習慣、信仰等應用必需品、全須仰給於祖國、而裝運回國之米爲其主要物產、

迨十七世紀末葉時、法人對此東方區域、始發生興趣、繼之在十八世紀、因與越南訂約關係、法人之政治商業勢力遂即大展、結果、法國雖在名稱上仍認越南爲獨立國、但在實際上、乃爲法國之保護國、直至一八八五年中法戰爭告終、中國在天津條約內、亦正式承認越南爲法國之保護國矣、關於邊界貿易、中法雙方均有條文規定之、法國自佔越南後、凡資本家技術家無不接踵而入、使其殖民地生產新產品、以應西方之消費、同時又將西方產品介紹於土人之間、以應土人之需要、

越南得西方之協助、因之經濟發達、使其國外貿易突飛猛晉、法國在越南所經營之貿易、比荷蘭在東印度羣島之貿易總額、超出二倍半以上、越南與其母國之交易大有獨佔之勢、亞洲各國爲其產品唯一之主顧、越南之產米佔世界產米國之第三位、每年供給亞洲人烟稠密之國家者、數達產額一半以

上、昭南、爪哇、日本等所仰給越南之米量雖不及從前之多、但中國仍為其主要買客、越南除供給主要產米外、又續供魚及蔬菜等食物與南洋各地以及太平洋一帶中國殖民、

（乙）進出口貨物概況

越南之進出口業、在該處各國間、殊為不同、出口方面大都為五穀及其他農產品、自別國進口者均為製造品及半製品等必需品、在此情形之下、法國既為其母國、則多半進口貨、大都由法國供給之、凡紡織品、鋼鐵品、汽車、酒類等進口業、悉被法國所壟斷、惟石油產品、仰給於其他國者、實較法國為多、大部由東印度羣島供給之、

出口方面、越南尚須依賴廣大之出路、以代法國之重要地位、產米大部輸往較近之鄰國、如香港、中國、東印度羣島、日本、昭南、比輸往法國領土者超出多多矣、煤、橡膠等出口情形亦同、而玉蜀黍、胡椒之出口、實際上全部輸往法國、魚之出口、全銷於香港、中國、泰國、但水泥貿易、近來已減少、

（丙）貿易平衡

越南既為出口國、故在世界不景氣中、並未受重大之打擊、此種情形、可由該國貿易平衡上查出之、一九二七年出超額為三一四、〇〇〇、〇〇〇法郎、一九二八年出超額為四七三、〇〇〇、〇〇〇法郎、皆係興旺之徵、不景氣始於一九二九年、該年之出超額為三八、〇〇〇、〇〇〇法郎、祇減出超總額百分之九十、一九三〇年更跌、在一九三一年時、以一六七、〇〇〇、〇〇〇法郎、變為入超、該年之貿易可云至劣、而素靠國外市場之越南、至此反成最感悲哀之狀態矣、政府對於經濟方面

、惟有迫施緊縮嚴厲方法、以節浪費而維貿易、此種辦法實行以來、復使越南之不景氣、爲之轉便、故自一九三二年後、歷年貿易平衡復均爲出超、計該年出超爲九一、〇〇〇、〇〇〇法郎、一九三三年爲一〇八、〇〇〇、〇〇〇法郎、一九三四年爲一四六、〇〇〇、〇〇〇法郎、一九三五年爲三八八、〇〇〇、〇〇〇法郎、一九三六年爲七三五、〇〇〇、〇〇〇法郎、一九三七年爲九九六、〇〇〇、〇〇〇法郎、一九三八年爲九二八、〇〇〇、〇〇〇法郎、一九三九年爲一、一〇二、〇〇〇、〇〇〇法郎、而國家經濟情形、亦即隨之上升、茲將其上升趨勢、列如下表：

越南貿易平衡表　（單位百萬法郎）

年份	進口額	出口額	貿易總額	出超（＋）入超（－）
一九二十年	二、六一七	二、九三一	五、五四八	（＋）三一四
一九二八年	二、四六五	二、九三八	五、四〇三	（＋）四七三
一九二九年	二、五七四	二、六一二	五、一八六	（＋）三八
一九三〇年	一、九三二	一、九二三	三、八五五	（－）九
一九三一年	一、三八〇	一、二〇六	二、五八六	（－）一七四
一九三二年	一、〇〇九	一、一〇〇	二、一〇九	（＋）九一
一九三三年	九二二	一、〇三〇	一、九五二	（＋）一〇八
一九三四年	九二三	一、〇六九	一、九九二	（＋）一四六
一九三五年	九二一	一、三〇九	二、二三〇	（＋）三八八
一九三六年	一、三三六	二、〇七一	三、四〇七	（＋）七三五
一九三七年	二、〇四五	三、〇四一	五、〇八六	（＋）九九六
一九三八年	一、九一六	二、八四四	四、七六〇	（＋）九二八
一九三九年	二、三八二	三、四八四	五、八六六	（＋）一、一〇二

389

五、越南與主要各國之貿易

越南與主要各國之貿易、可分爲兩部、一爲與法屬各地之貿易、一爲與亞洲鄰國之貿易、凡關地理上、及政治上等權勢、均可由貿易統計中表明之、自一九二八年至一九三二年、越南與亞洲之貿易、數額在百分之五十以上、中國（包括香港）以百分之五十佔首席、而與法屬各地貿易者約有百分之三十、僅法國一國之數額竟佔其百分之九十七、越南多半進口、係由法屬各地所供給、但在出口方面、並非爲其主要買主、在一九二八年越南自法屬各地之進口値額、較由越南輸往法國之出口値額、超出二倍以上、近年來、多半進口、係由法國及其屬地供給之、

（甲）越南與法屬各地之貿易

自第一次歐戰以後、法國始爲越南殖民地之主要供給者、在一九〇八年至一九一二年間、越南自法屬各地之進口額、僅佔百分之四十五弱、當大戰時（一九一七年）跌至百分之三三・五、在一九二二年停戰後建設期間、復跌爲百分之三〇・五、祇一九二三年、自法屬各地之進口額、復超出其他國總額之上、自一九三〇年後、其進口額歷年均能維持首席地位、茲將越南與法國之貿易總額示於下表：

越南與法國之貿易表

年份	進口總額（百萬法郎單位）	出口總額（百萬法郎單位）	法國部份	
			進口總額之百分率	出口總額之百分率
一九二六年	二、八〇七・三	三、八五四・七	四七	二一
一九二七年	二、六一七・二	二、九三一・二	四七	二〇
一九二八年	二、四六五・九	二、九三八・三	四〇	二一
一九二九年	二、五七三・六	二、六一一・五	四一	二一
一九三〇年	一、九三一・八	一、九二三・三	五五	二三
一九三一年	一、三八〇・五	一、二〇六・五	四九	三三
一九三二年	一、〇〇九・七	一、一〇〇・〇	五五	三六
一九三三年	九二二・七	一、〇三〇・六	五三	四七
一九三四年	九二三・〇	一、〇六九・二	五七	四五
一九三五年	九二〇・七	一、三〇九・一	五四	三二
一九三六年	一、三三六・〇	二、〇七一・〇	五三	五五
一九三七年	二、〇四五・〇	二、〇四一・〇	五三	四六
一九三八年	一、九一六・〇	二、八四四・〇	不詳	不詳
一九三九年	二、三八二・〇	三、四八四・〇	六〇	三七

法國與越南之間、互以貨物相交、本屬自然、但從經濟立點上觀之、不啻爲實業國與農業國之交易也、越南似仍極幼稚耳、前者、以其製造品出口、而易以後者之原料及食料、除酒類及其他殖民地產品外、自法屬各地進口之食料爲數極少、一九二五年至一九二九年之間、自法國進口之食料僅佔百分之九、自法國進口之原料數額、亦頗有限約佔百分之七・五、此乃該國限制工業發達之又一鐵證、

自法國進口之鑛產品、則獨佔各國中之首席、尤以一九三二年之鋼鐵爲最、數達二三二、八〇〇、〇〇〇法郎、一九三三年降爲一九、〇〇〇、〇〇〇法郎、一九三四年劇增至三八、〇〇〇、〇〇〇法郎、一九三五年又稍降至二九、〇〇〇、〇〇〇法郎、

自法輸往越南之出口貨、製造品佔五分之四、以纖維品、五金品、紙產品、化學產品、爲其中之主要出口、故法國對越南出口之製造品、在各國中、迄今仍穩居第一位、以纖維、金屬等產品、列表中之首位、在一九三二年紡織品進口數額、約有一九八、〇〇〇、〇〇〇法郎、居越南進口項目中第一位、自法國進口者、佔總額中一八〇、〇〇〇、〇〇〇法郎以上、此數又佔自法進口總額之五分之一、其分配如下：棉織品約佔百分之七十七、絲織品約佔百分之八—大都爲適合土人需要量輕價廉之各種貨物、一九三三年紡織纖維品進口總額爲二二八、〇〇〇、〇〇〇法郎、一九三四年爲二二七、〇〇〇、〇〇〇法郎、一九三五年爲二七七、〇〇〇、〇〇〇法郎、

越南偏重紡織進口者、即該國經濟不景氣之表示也、例如一九三〇年進口之法國金屬品、超過進口之紡織品者殊多、故在一九三二年時價格劇跌不止、當時越南不顧崩潰之恐怖、猶能繼續維持衣食如昔、但在一九三二年時、機器進口大減、亦即表示發達工業應用器具、暫受挫折而已、查近年來機器進口數額仍屬平平也、

對於越南方面而論、法國乃處於商人地位、並非主顧也、蓋因法屬各地吸收越南之出口、祇僅佔其四分之一耳、自一九二八年至一九三二年、輸往法國之出口額、每年平均五〇二、〇〇〇、〇〇〇法郎、僅佔越南出口總額百分之二六・八、較第一次歐戰前每年平均比列百分之二五・八、稍見增高

、查一九三三年至一九三七年輸往法國之出口額、每年平均劇增爲七一五、六〇〇、〇〇〇法郎、佔平均總出口額百分之四六、可謂突飛猛晉矣、

法國購辦紡織品、雖超過其他國之總額在三倍以上、木器在七倍以上、但越南對母國之出口、製造品佔數極微、在不景氣以前數年中、輸法之原料、頗有顯著之增進、法國購辦越南之皮革、橡膠、水泥等、佔其出口總額在一半以上、而其主要出口之礦煤、幾悉被亞洲各國所吸收、法國亦自越南採辦食料、如玉蜀黍、胡椒、椰子肉等出口、幾全由法國包辦、一九三二年產米出口至法屬各地者、佔其米產出口總額五分之二、——多半白米爲人類所消費、而米糠等用以飼養動物——輸往法國之總額較一九一三年之數字、增加約百分之四十、此種增進、歸於國米營業處（Office National du Riz）所促成之、該機關在一九三〇年由越南產米商等組織而成、以提倡採用其產品爲宗旨、在一九三三年至一九三五年之產米、輸往法國及其屬地者、平均每年爲二二一、三三三、〇〇〇法郎、平均佔產米總出口額百分之四一·七、

越南與法屬各地之貿易關係、又與經濟活動相連、而以母國法蘭西尤爲密切、法國既爲越南主要出口國、故對殖民地上亦成爲主要之主顧矣、近來種植之橡膠、咖啡、茶、椰子肉、棉花、胡椒等農產品、大都均輸往母國爲主、經濟之崩潰雖然阻滯此種商品生產、但彼等之重要關係、則反而益加增進、——尤以西人僾佔此隅以來爲最——況越南列於金本位幽之夠、故對法國之關係尤爲親近、當與銀本位國發生關係而受損失時、又有法國及其領土調劑之、對於穩定貨幣上、復與母國之經濟關係、更爲循規而脗合也、

玆將歷年越南對各國之進出口貿易價值、列表於下：

各國輸入越南之進口貿易價值表（單位百萬法郎）

國別	一九三〇年	一九三一年	一九三二年	一九三三年	一九三四年	一九三五年	一九三六年	一九三七年
法國	九九九	六四二	五一六	四八六	五二五	五〇〇	五二〇	八四六
法國屬地	八三	三七	四六	三三	二〇	二七	二九	五四
德國	五五	一二三	一〇	六	二	三	五	一三
英國	四七	二六	一六	一三	一一	四	二四	三三
意國	三	三	三	二	一	二	二	二
荷蘭	八	七	一二	一二	四	五	八	一〇
中國	三七	二九	二二	三五	三八	七〇	九〇	一一四
香港	一八七	一四五	一〇六	九二	九〇	七二	七二	一三八
印度	七九	五三	二五	六	二六	七	二九	三九
東印度	一一三	八三	七七	七一	六五	五四	五八	七四
日本	二〇	一五	一〇	一九	二二	二六	三五	五〇
泰國	六	三	二	五	五	一三	一五	三三
昭南（馬來）	三七	二五	二三	四三	五六	六一	三九	五八
菲律濱	—	—	—	〇・一	一・九	〇・二	〇・一	〇・九
美國	一〇〇	四五	三四	三三	一九	二一	二三	五二
其他各國	三五	五四	三六	五四・九	二八・一	二五・八	二四・九	六一・一
總計	一、八〇九	一、二九〇	九三八	九一一	九一四	九〇一	九七四	一、五七八

287

越南輸往各國之出口貿易價值表（單位百萬法郎）

國別	一九三〇年	一九三一年	一九三二年	一九三三年	一九三四年	一九三五年	一九三六年	一九三七年
法國	四三六	三五九	三六三	四八一	五二八	四三二	九四三	一、一九四
法國屬地	四四	一四	二一	二八	四四	五三	一〇四	一五四
德國	八	六	七	六	五	一三	二四	六四
英國	二	一七	七	一一	一五	一八	一四	三四
意國	—	—	—	〇・五	四	六	一	〇・四
荷蘭	—	—	—	五	六	七	一三	二二
中國	二九八	八九	八三	四四	五八	一九七	五一	一四〇
香港	四六七	三二三	三一一	二四二	一四九	二二五	一四五	二九三
印度	一一	二二	一一	七	三二	三九	三〇	四
東印度	一四一	七六	三八	二九	一七	二八	八	一三
日本	九八	四九	六三	四五	四一	五四	七八	一〇八
泰國	一一	九	一〇	一〇	九	七	六	一二
昭南（馬來）	二三四	一二	六七	八一	八四	一〇二	一〇九	一九六
菲律濱	二	一	—	〇・四	〇・七	五	二九	〇・九
美國	二六	九	二	七	三八	五六	一〇七	一八二
其他各國	六〇	三五	三四	一九・一	三〇・三	五六	四六	一七一・七
總計	一、八三八	一、一二一	一、〇一七	一、〇一四	一、〇六一	一、二九八	一、七〇八	二、五八九

288

越南主要進口貨物價值表（單位百萬法郎）

貨物名稱	一九三〇年	一九三一年	一九三二年	一九三三年	一九三四年	一九三五年
紗布類	三七三	一八六	一七四	一三七	一三〇	一六一
機器	一四三	一一三	五七	六一	三二	三九
金屬品	九七	一〇六	三八	四一	四八	四二
石油產品	一三一	九七	八三	七五	六五	三四
重油、柴油	二〇	一四	一四	一一	一三	一〇
車輛及另件	六〇	三二	一九	二〇	二五	二七
酒類	五一	四四	四〇	三四	三〇	二四
紙類及印刷品	五八	四一	二九	二六	二五	二四
絲綢	五五	三四	二七	二八	二一	二七
烟草	五〇	四一	二九	一四	九	一三
橡膠及其製品	三四	二七	一九	一五	一二	一四
蘇類及其製品	一八	七	五	四五	五一	六二
羊毛	四六	一六	一八	一八	二五	二七
蔬菜、果實、罐頭	四四	四四	四〇	三一	二七	三二
化學製品、染料	四二	二五	二〇	二三	一七	二三
藥材	二四	二〇	一九	九	一八	一七
牛乳及其產品	二七	二五	二五	二〇	二〇	二一
小麥粉	三一	三二	一五	一一	九	一一
中國麵	八	六	四	五	三	四
砂糖	二二	一三	七	四	二	二
茶	一六	一五	八	七	六	四
魚類	五	三	二	二	四	二
煤	五	二	二	二	一	一
其他	四四九	三五七	二四四	二七二	三二一	二八〇
總計	一、八〇九	一、三九〇	九三八	九一一	九一四	九〇一

越南主要出口貨物價值表（單位百萬法郎）

貨物名稱	一九三〇年	一九三一年	一九三二年	一九三三年	一九三四年	一九三五年
米	一、一九九	六二三	六〇三	四七八	四六六	六四八
玉蜀黍	六一	四一	七四	一五三	一九七	一四四
煤	九九	九二	六六	六三	五五	六八
橡膠	六三	三七	二七	五六	九四	一三六
魚蝦產品	一〇一	七四	六二	六九	五八	五九
錫米、錫塊	一三	一二	一三	二五	三五	四〇
胡椒	四五	三〇	二〇	一四	一八	一三
柚木	二〇	一八	九	一一	一二	一〇
獸皮、皮革	一九	二一	一四	二〇	六	一〇
[illegible]	一〇	一〇	一〇	一〇	一二	八
酒類	五	七	四	五	六	三
活獸	一四	六	四	四	二	一一
藥材	一四	一四	一〇	八	八	六
鋅塊、鋅鑛	一二	七	一	五	三	四
椰乾	一三	八	四	五	三	九
水泥	六	九	一五	六	六	五
蛋	一〇	七	五	五	七	一一
木棉	三	五	五	五	四	五
棉花	八	五	二	二	二	一
茶及咖啡	二	六	五	五	一〇	一四
蔴	八	四	三	五	一	七
綱	八	四	一	一	一	〇·四
其他	一〇五	八一	六〇	五九	五五	八六
總計	一、八三八	一、一二一	一、〇一七	一、〇一四	一、〇六二	一、二九八

法國及其屬地輸入越南之主要貨物價值表（單位百萬法郎）

貨物名稱	一九三〇年	一九三一年	一九三二年	一九三三年	一九三四年	一九三五年
紗布類	三四〇	一六六	一五九	一五七	一六七	一五〇
機器	八七	七二	四四	五四	二七	三一
金屬品	八九	五八	三六	四二	五〇	四三
鋼鐵	五八	三一	二三	一九	三八	二九
酒類	四九	四二	三九	三二	三〇	二一
車輛及零件	五三	三二	二一	一九	二八	三五
紙類、印刷品	三〇	二九	二二	二三	二五	二〇
橡膠及製品	三〇	二四	一七	一四	一二	一三
烟草	四二	三四	二四	一〇	六	一一
牛乳及產品	九	八	一〇	八	一七	一五
化學製品及化學染料	二八	一九	一五	一五	一三	一八
皮革及製品	一一	六	六	三	三	三
砂糖	九	五	六	五	四	四
其他	二三九	一六二	一六四	一一九	一二五	一三四
總計	一、〇七四	六八八	五八六	五二〇	五四五	五二七

越南輸往法國及其屬地之主要貨物價值表（單位百萬法郎）

貨物名稱	一九三〇年	一九三一年	一九三二年	一九三三年	一九三四年	一九三五年
米	二六二	二〇六	二二一	二三四	二四六	一八四
玉蜀黍	五〇	三七	七四	一五三	一九四	一三二
橡膠	二七	一六	一二	二三	三四	四八
胡椒	三九	二五	一八	一四	一三	一三
煤	四	一一	一二	一八	一八	二三
椰乾	一三	—	—	五	三	九
茶	二	二	二	三	六	七
酒	五	七	四	五	四	三
錫、鎢、鋅	五	二	一	一〇	九	一一
大茴香油	七	三	一	一	二	一
柚木	四	三	二	〇・三	二	二
蓆	二	二	二	二	一	五
綢	八	三	一	一	一	〇・四
花邊	一	一	〇・六	一	一	一
其他	五二	五六	三七	四〇	三三	四七
總計	四八一	三七四	三八七	五一〇	五六七	四八六

（乙）越南與亞洲鄰國之貿易

亞洲鄰國爲越南最優主顧、每年購辦貨物、約佔越南出口總額三分之二以上、在答報方面、越南自彼等進口者僅佔進口總額四分之一弱、故與彼等之貿易、越南恒居出超地位、爲數極鉅、此種結果、實由於食料之供給也、而乞助於法國者乃製造品耳、至於關稅政策、祇以法國及其屬地認爲越南進口貨唯一之供給者、彼等得享優越之待遇、而其他亞洲鄰國皆迫處不利地位、昭南、爪哇、日本、甚至中國、常向別處乞助食米、以避免與越南貿易、恐受鉅額之損失、而使其主顧有一良好之貿易關係、再者米旣爲亞洲人主要之必需食料、常能保有最優主顧者、惟越南耳、茲將其重要關係、按序分列如下、計有中國（包括香港）、馬來、東印度羣島、日本、泰國、非律濱羣島等地、其貿易數額亦示於下表：

越南與其他亞洲鄰國之進口價值表（單位百萬法郎）

年份	進口總值	馬來	東印度羣島	日本	泰國	非律濱羣島
一九二六	二、八〇七・三	一二一・〇	一〇九・一	八九・四	一四・八	〇・八
一九二七	二、六一七・二	一二五・六	一五〇・三	六六・九	一四・二	〇・五
一九二八	二、四六五・九	九三・八	一八二・四	四九・七	一五・七	〇・一
一九二九	二、五七三・六	九二・三	一八六・三	四〇・八	一三・三	〇・二
一九三〇	一、九三一・八	三六・七	一一二・六	二〇・三	六・三	〇・二
一九三一	一、三八〇・五	二五・四	八二・九	一五・三	二・八	〇・一
一九三二	一、〇〇九・七	二二・八	七六・八	九・六	二・一	〇・〇三
一九三三	九二二・七	四二・九	七一・二	一九・三	五・一	〇・一
一九三四	九二三・〇	五六	六五	二二	五	一・九
一九三五	九二〇・七	六一	五四	二六	一三	〇・二
一九三六	一、三三六・〇	三九	五八	三五	一五	〇・一
一九三七	二、〇四五・〇	五八	七四	五〇	三三	〇・九

越南與其他亞洲鄰國之出口價值表（單位百萬法郎）

年份	出口總值	馬來	東印度羣島	日本	泰國	菲律濱羣島
一九二六	三、八五四·七	二九五·三	一八九·三	三六三·八	二七·七	一〇三·四
一九二七	二、九三一·二	三二〇·九	七五·六	二九四·三	二六·四	三·〇
一九二八	二、九三八·三	二八〇·一	二〇九·三	二二四·三	二二·五	五八·一
一九二九	二、六一一·六	二七一·二	二五四·九	一四九·九	一一·三	八九·七
一九三〇	一、九二三·三	二三四·四	一四〇·八	九八·一	一一·一	一·八
一九三一	一、二〇六·五	一一一·八	七六·一	四九·三	九·五	一·一
一九三二	一、一〇〇·〇	六七·一	三七·七	六三·四	一〇·〇	〇·六
一九三三	一、〇三〇·六	八〇·七	二八·八	四五·二	九·九	〇·四
一九三四	一、〇六九·二	八四	一七	四一	九	〇·七
一九三五	一、三〇九·一	一〇二	二八	五四	七	五
一九三六	二、〇七一·〇	一〇九	八	七八	六	二九
一九三七	三、〇四一·〇	一九六	一三	一〇八	一二	〇·九

（丙）越南與馬來之貿易

馬來亦爲越南最優主顧之一、僅次於中國及香港、自一九二八年至一九三二年、每年貿易平均佔其出口總額百分之一〇・一、一九三三年至一九三七年每年貿易平均佔其出口總額百分之一四・九、輸往昭南之食料、大都被馬來之中國殖民所消費、對米之出口、爲數較少、乃因馬來、每喜自緬甸進口食米之故也、乾魚爲輸往昭南唯一之主要食料、對於原料、越南亦有錫、橡膠、甚至水泥等輸至此港、由此復輸往西方各國、越南自馬來進口者、僅佔其進口額百分之廿五、馬來對於商賈二字雖比主顧較有興趣、但兩國間主要之貿易、仍含以貨易貨之原素、故馬來與越南之貿易、均能維持良好感情也、一九二七年自馬來之進口額爲一二五、〇〇〇、〇〇〇法郎、迨一九三二年降至二三、〇〇〇、〇〇〇法郎、故出口方面亦因受此影響、遂之而降跌、查一九二七年與馬來貿易之出口額爲三二〇、〇〇〇、〇〇〇法郎、至一九三二年降爲六七、〇〇〇、〇〇〇法郎、又一九三二年輸往馬來之食米、僅佔一九二九年十分之一、自一九三三年至一九三七年馬來輸入越南之進口平均額爲五一、四〇〇、〇〇〇法郎、越南輸往馬來之出口平均額爲一一四、四〇〇、〇〇〇法郎、

（丁）越南與東印度羣島之貿易

東印度羣島、在進口越南產品各國中佔第三位、自一九二八年至一九三二年、輸往東印度羣島者、每年平均佔其出口總額百分之八・二、一九三三年至一九三七年每年平均佔其出口總額百分之二・五、在近年來出口貨中、以米及米產品佔百分之九十九、大都輸往人口過多之爪哇、充作食糧之用、當經濟崩潰時、此業亦當受影響、在爪哇及其他荷屬殖民地內、有大部份之土人、除偏愛種植擴大米田外、近又被逼趨種價廉之玉蜀黍、及其他土產等食料、因此荷屬殖民地、吸收越南之出口貨、爲數亦極少、越南自東印度羣島所購之產品、種類繁多、數額約佔其進口總額百分之七、此數幾全係油類

、及精煉石油、石蠟等貨云、

（戊）越南與日本之貿易

日本亦爲越南重要主顧之一、自一九二八年至一九三二年、越南之貨物輸往日本者、佔出口總額約在百分之六以上、其中米佔一半以上、礦煤約佔四分之一、油漆及橡膠輸至日本者爲數極鉅、魚類次之、越南自日本進口者爲絲、水泥等產品、數亦不多、一九三二年越南與日本之貿易會議、希望自日本方面能以增加進口云、自一九三三年至一九三七年日本輸入越南之進口平均額爲一〇、四〇〇、〇〇〇法郎、越南輸往日本之出口平均額爲六五、二〇〇、〇〇〇法郎、

玆將日本與越南歷年進出口貿易總值列表如下：（單位萬日圓）

年份	日本之輸出	日本之輸入	日本之入超
一九三二年	二三四	五六九	三三五
一九三六年	四六九	二、〇一五	一、五四六
一九三七年	四六二	二、七〇一	二、二三九
一九三八年	三一八	二、〇三〇	一、七一二
一九三九年	一九八	二、六六五	二、四六七

（己）越南與泰國之貿易

越南與泰國之貿易較少、而與菲律濱羣島之貿易更爲輕視、彼等皆係性質相同之鄰國、大都均以食米爲主要產品、彼此之間、皆立於對敵競爭地位、並非主顧關係、魚乾爲輸往泰國唯一貨物、但自泰國進口者、約値輸往泰國之出口額四分之一、査一九三〇年至一九三七年、泰國輸入越南之進口額、平均每年爲一〇、二五〇、〇〇〇法郎、同時越南輸往泰國之出口額、平均每年爲九、二五〇、〇〇〇法郎、

越南與中國及香港之貿易表（單位百萬法郎）

年份	進口總額	出口總額	中國部份		香港部份	
			進口	出口	進口	出口
一九二六	二、八〇七・三	三、八五四・七	三一〇・三	一、一二六・三	三八七・五	六八六・九
一九二七	二、六一七・二	二、九三一・二	二二九・三	四六八・一	四一八・〇	九三五・五
一九二八	二、四六五・九	二、九三八・三	二三一・六	一四七・〇	四一九・一	八八四・七
一九二九	二、五七三・六	二、六一一・六	一七〇・四	八六・九	三七六・七	八三九・一
一九三〇	一、九三一・八	一、九二三・三	三七・二	二九八・三	一八六・七	四六七・一
一九三一	一、三八〇・五	一、二〇六・五	二九・〇	八九・三	一四四・五	三二三・九
一九三二	一、〇〇九・七	一、一〇〇・〇	二二・一	八三・一	一〇六・四	三一一・七
一九三三	九二二・七	一、〇三〇・六	三五・三	四三・八	九二・六	二四二・〇
一九三四	九二三・〇	一、〇六九・二	三八	五八	九〇	一四九
一九三五	九二〇・七	一、三〇九・一	七〇	一九七	七二	二二五
一九三六	一、三三六・〇	二、〇七一・〇	九〇	五一	七二	一四五
一九三七	二、〇四五・〇	三、〇四一・〇	一一四	一四〇	一三八	二九三

六、越南與中國之貿易

（甲）中國在越南國外貿易上之地位

中國爲越南之供給國、其地位之重要及供給之貨物、日見減少、貿易數額約佔越南進口總額百分之二、中國在銷售國中佔第八位、根據海關報告所載數字之估計、中國在越南之主顧中佔第四位、購買數額、約佔越南出口總額百分之八、與中國貿易總額之數字、約佔與各國貿易總額之百分之五、

從中國海關報告觀之、越南在主顧表中、所列地位極低、而在中國需要之食料上、則頗卓著、列佔第六位、其供給數量、佔中國進口總額百分之四至百分之七、若加以輸至香港之數量、其地位必升至第五位或第四位、越南與香港之貿易、多半係由港復輸至華之貿易也、中國（包括香港）購自越南之貨物、甚至多於法屬各地、自一九二八年至一九三二年、中國購進數額、平均佔越南出口額之百分之三十七、一九三三年至一九三七年佔越南出口總額百分之二〇·一、似較往年略見降低、其出口貨物、大都爲食料、以米爲最多、如論越南與中國在國外貿易上之地位關係、則香港亦須計算在內、倘將香港貿易數字除外、祇以輸華之數字爲本、作一嚴密之報告時、似非正當耳、

（乙）貿易平衡

中國與越南近來貿易平衡、較以往逐年中所記錄者、更爲不利、在一九〇七年前、每年入超恒在關銀一百萬兩以下、一九一九年時、劇升至九百萬兩之高、在一九二〇年忽降爲一百萬兩以上、已情屬罕見、後在績年中、又逐漸上漲、直至一九三三年以七一、〇〇〇、〇〇〇兩達其最高峯、茲據海關報告所示、在以往六十六年中（一八六八——一九三三年）累積之入超餘額、數達關銀二四一、〇

〇〇、〇〇〇兩、再減去以前數年之出超餘額數、仍剩入超餘額關銀二三八、〇〇〇、〇〇〇兩、一九三四年至一九三八年平均每年之入超額爲一三、一八四、八〇〇關金、但一九三九年起轉爲出超、其數額爲一六、六四〇、〇〇〇關金、一九四〇年爲三四、三一九、〇〇〇關金、一九四一年（十月止）爲一九、七一三、〇〇〇關金、

（丙）貿易分析

中國與越南之貿易、包括商品種類極多、中國自越南進口者、大概以米、煤、水泥、魚爲最多、較輸往法屬殖民地之紡織品、食料、以及越南中國殖民所用之華南產品、如棉織品、麵粉、乾菜、綫麵、茶、乾水菓、罐頭水菓、新鮮蔬菜、罐頭蔬菜、糖、菸草等數量較多、在越南較大市場上、中國又運銷生絲、紙張以及海棉等物、

（丁）自越南之進口

從下列中國自越南直接進口表中觀之、主要進口爲米、煤、水泥、魚等數種、佔總額百分之九十五、因當時經濟不景氣及物價下跌等關係、故中國之進口價額亦遂降跌、

中國自越南之進口貨物表（關金單位）

貨名	一九三三年份	一九三四年份	一九三五年份	一九三六年份	一九三七年份
米及雜糧	關金三五、一四八、三〇九	關金一七、七〇三、〇七九	關金三〇、六〇一、九三〇	關金四、六六九、二九六	關金一〇、一四四、三六〇
魚類及海產品	七四八、七四五	三五三、六六九	三八八、三三三	三五四、六八五	三〇四、五八五
動物產品及雜貨	二四、三五九	四四、七七四	四四、六八九	四九、五六八	五七、九五三
菓類	六〇、一六〇	三二、五五五	三〇、二三三	八、五八九	一一、七九三
藥品及香料	二一九、一五六	二〇三、四六八	三〇五、五〇四	三三三、一二八	二三一、六三一
煤及燃料	三、一九七、三五六	一、五五五、四三四	一、四六二、六五六	一、五一八、九六四	一、四五三、四一七
水泥及瓦	七八一、〇六六	五四六、二二二	五六二、三九五	三四、一七三	一四四、八三一
皮革	一〇五、四三九	四六、〇〇八	五、五三六	九、二四〇	一五、七六二
玻璃及其器具	一三九、三二三	二七、九九七	八、一四一	一、五三一	四七八
油漆	一〇〇、〇八四	一〇六、七三八	一〇九、七九三	二一四、三五六	八一、〇四八
木	四八、五八三	五四、二六六	三〇、八八〇	五三、五八七	三五、四五六
木材	一一七、二四七	三二、一三三	四九、九八九	四七、六七五	一〇九、四九七
油、皂、及其他	一九、七六七	一五、一五六	六六、三五七	二七、〇二一	一六、九五五
橡膠	三五、四一〇	一四、〇七四	一八、七六六	六〇、九二〇	四三、五七四
紡織品	一五、二四九	六、二六六	一二六、〇四六	二六、一八六	五八、〇一四
其他	三八、六六五	二九九、〇〇三	一三五、一七四	九八、三〇三	一五三、八六八
共計	關金三八、八六六、八六七 或國幣七五、五三五、九五六	關金二二、〇一八、八六二 國幣四二、六〇五、八六〇	關金三三、九九四、〇〇〇 國幣七九、七五三、〇〇〇	關金七、九九七、〇〇〇 國幣一八、〇四八、〇〇〇	關金一三、二二一、〇〇〇 國幣二九、九九一、〇〇〇
佔中國進口總額之百分率	五・六八%	五・九五%	六・四九%	一・九一%	三・一四%

中國自越南之進口貨物表（二）（關金單位）

貨名	一九三八年份	一九三九年份	一九四〇年份	一九四一年份（一月至十月止）
米及雜糧	關金 六、七六六、〇一九	關金 六、五〇三、七五四	關金 四三、二六八、六二六	關金 四五、九〇四、九五六
魚類及海產品	二九四、四七〇	一四五、四〇三	四〇、六五九	九四、三六九
動物產品及雜貨	六九、一七〇	七〇、五七五	四五、七七七	二一七、〇九七
菓類	二四、四七八	一七、六六七	一四、五五二	五七、五一五
藥品及香料	一五六、〇七四	一五九、八五四	一五七、九七二	一一〇、八八三
煤及燃料	一、七三八、二七三	一、三九五、四九四	五、五五六、六九七	五、二四〇、六五三
水泥及瓦	五四五、二五四	四三一、一三六	五九二、八五五	三一四、六九五
皮革	五、〇二一	八六、八八五	二七七、六七二	七〇五、八六七
玻璃及其器具	一、一五八	七八一	六、一三四	四〇五
油漆	五八、四五五	五五、六九四	四六、九五六	六七、九六一
木	一六、一六八	二八、八〇九	二六、三四七	三九、四五九
木材	八五、五七八	五三、八七五	六二、〇一四	五三、四三六
油、皂、及其他	一八、五五五	六一、四一四	四四、七一九	六六、一九一
橡膠	三三、九二五	三四、一〇二	六、八一四	五、七六七
紡織品	二五、六九二	五五、〇五五	五六五、三一九	四四九、六二五
其他	二六八、一九五	五九二、一一六	七五四、〇五七	六四九、四五四
共計	關金二一、九〇〇、〇〇〇 或國幣三七、五五一、〇〇〇	關金二一、五一八、〇〇〇 國幣三八、五〇八、〇〇〇	關金 五一、〇三五、〇〇〇 國幣 一六八、一三六、〇〇〇	關金 三五、九五六、〇〇〇 國幣 一四六、〇五九、〇〇〇
佔中國進口總額之百分率	一・〇六%	二・一二%	六・七六%	六・六九%

301

米——關於越南之米產額、雖無統計可查、但據每年估計數額約有六、五〇〇、〇〇〇公噸、此數乃以五、〇〇〇、〇〇〇公頃耕種面積爲根據、每公頃平均產米一・三噸、與其他國之關係、越南在世界產米國中、居第四位或第五位、居越南及東印度羣島二國出產之上者、爲印度、中國、日本三國、在米產出口方面、印度亦與越南、泰國等國、更迭居佔第二位或第三位、越南米之出口約佔產額之半數、佔出口貿易總額百分之六十五、在近年來、較一九二七年之價值約跌三分之一、而在出口數量上、似乎增多、但在價值上、實係減少、自一九二七年至一九三二年五年之間、中國採辦之米、每年平均佔其米產出口百分之四・九五、（直接輸華者佔百分之一三・二、經香港轉口者佔百分之三三・三）、法國及其殖民地佔百分之一三・九、日本佔百分之九・五、東印度羣島佔百分之八・六、昭南及菲律濱佔百分之七・七、產米最大面積爲交趾支那及東京之湄公河紅河一帶三角洲、由東京經營者僅佔一小部份、而西貢港口實爲越南米產出口之中心、在對華之售米各國中、泰國緊佔第二位、越南則佔表中之首席、其供給數量、在一九三二年佔米之進口總額百分之三十三、一九三三年佔百分之四十三、一九三四年佔百分之四十八、一九三五年至一九三九年之米進口額每年平均爲一一、七四〇、八七一關金、一九四〇年至一九四一年每年之平均額爲四四、五八六、七八一關金、九龍、汕頭、廈門、上海、廣州等均爲主要輸入口岸、在越南之米商、市場、碾米廠等業悉由華人壟斷、對於出口業上、華人亦佔極大數額、

煤——越南之煤產、每年幾達二、〇〇〇、〇〇〇噸、其中出口至鄰國者、數在一半以上、玆將一九三〇年自越南輸往主要各國之礦煤分配百分率詳示如下：

中國	四七・二
日本	三一・五
香港	一四・八
法國及其殖民地	二・七
印度	一・五
泰國	一・三
昭南	〇・七
以上之百分率總數	九九・七

中國之礦煤進口業、爲越南及日本兩國、在對華售煤國中、更迭競佔第一位、在一九三一年至一九三四年間、逐年由越南輸華之礦煤數量、各有不同、佔中國礦煤進口總額百分之廿四至百分之三十三、而進自日本者佔百分之廿六至百分之四十五、自一九三五年至一九三九年越南輸往中國之煤、每年平均爲二、二八七、三六〇關金、一九四〇年至一九四一年每年之平均額爲五、三九八、六七五關金、

水泥——自一九三二年以來、越南成爲華南水泥進出口之主要供給國、但在一九三一年輸華數量、仍不甚顯著、頗令人驚奇也、查該年進口數量約一二四、〇〇〇擔、價值關金一六五、〇〇〇元、僅佔中國水泥進口總額百分之三・七、在一九三二年時雖一時增加十倍、但在一九三三年約跌百分之五十、越南在中國水泥進口表中居首席、佔進口總額百分之廿五、香港繼佔百分之廿二、日本佔百分之十九、澳門佔百分之九、一九三四年至一九三九年越南輸往中國之水泥、每年平均爲三七一、九九六關金、一九四〇年至一九四一年每年之平均額爲三五三、七六五關金、

魚——越南魚之出口額、每年約達三三、〇〇〇噸、數年來均能保持此數而不變、殊爲難能可貴、直至一九三二年忽降至二五、〇〇〇噸、在實際上並無輸往法國者、昭南爲其最優之市場、在一九三一年時、佔越南魚之出口總額百分之六十八、香港佔百分之廿一、泰國佔百分之九・四、中國佔百分之二、每年輸出額超過一、〇〇〇噸以上、以香港爲主要市場、在一九三一年輸往香港者佔其出口總額百分之九十六、輸往昭南者僅佔百分之三、至於香港大部之進口係運至中國者、對此點讀者必須注意及之、查魚類產品輸往中國者、自一九三三年起至一九三九年每年平均爲三五五、六九四關金、較往年逐見降低矣、一九四〇年至一九四一年每年之平均額更其減少爲六七、四六四關金、

(戊) 輸往越南之主要出口

近來中國對越南之出口曾見降跌、而自法屬殖民地進口者、則增進不定、此乃大都由於越南施行禁止關稅政策之效果也、惟其母國對此得獨享優待耳、自中國進口者、以紡織品爲最要、繼爲紙張、蔬菜、供香等次之、包括於其他紡織品中之魚網進口、在一九三四年至一九三九年、每年平均價值三六五、一六九元、自一九二五年至一九二九年間・從中國進口之絲織疋頭、每年平均價值約在關銀一二百萬兩、當一九二六年時、其值額竟超出關銀四、五〇〇、〇〇〇兩、爲最興旺時期、而生絲出口數額甚至更爲巨大、每年値額亦達關銀四、五〇〇、〇〇〇兩以上、一九三五年至一九三九年、生絲出口每年平均爲三、六一五、六四七元、同時絲織疋頭每年平均爲二一三、八八九元、此數大都包括白色之繅絲、越南採辦之生絲、爲數雖少、但在中國輸往該國之出口貨物上、却係最要之項目、玆將輸往越南之出口貨物表、列示如下：

中國輸往越南之出口貨物表（一）　（國幣單位）

貨名	一九三三年份	一九三四年份	一九三五年份	一九三六年份	一九三七年份
紡織纖維	國幣 一、七三三、五五四	國幣 二、六三九、四七六	國幣 三、七五七、五三八	國幣 五、四七六、八二七	國幣 六、二一五、八五八
紗、線	四三、六八九	二八、二六九	五〇、五三一	二五、六二〇	二六、九五九
疋頭	五五一、二六九	二四六、九五二	一六〇、〇一三	九八、一三四	一一八、五三〇
其他紡織品	五〇五、〇二九	二九二、四九八	三五一、八六五	二六四、七七四	五〇三、九九一
菓子	六〇、八八八	七四、八七一	一六七、二三五	二〇七、九八六	二三四、一六四
茶	二六、三三一	四〇、八九七	一〇六、一五四	九八、九二八	七一、五八二
菸草	九九、一〇六	六二、七五六	一〇五、八七五	一三六、七〇四	一二九、六五七
酒類	一四、二〇〇	一〇、五九八	三、八四三	一、三一六	二九六
花生油	一七、八八五	三三、三八二	二、八五六	五五、八〇九	五三
植物及其產品	三一一、七〇五	一七九、八一四	三二八、八九九	二一五、五三〇	二〇七、三〇五
皮革	六九、四八六	八八、七五八	五八、六六五	一四六、七三四	五〇四、八一八
動物及其產品	一〇、四九二	四四、四四九	八四、一二六	一五〇、二九二	二五九、五九〇
紙張	四九九、〇九〇	一八三、五五七	四八三、四五七	五五六、六一三	四八六、一一七
礦苗及五金	二六、〇三一	九七、三三六	五四〇、二三八	一、二三三、七三九	四九三、七五一
沙士石製造品	五一、八〇三	六九、五九四	九四、七〇八	二四五、三八四	二〇九、九九〇
煤及燃料	二四、四七八	四九、一四五	二三八、六七七	七八、七九三	四七、八七〇
其他	四八七、五四七	五八六、七四九	五八一、三六六	九七一、八一七	七五一、〇五一
共計	國幣 三、九九二、五五六 或關金 二、〇三七、七四二	國幣 四、七五九、八九二 關金 二、四二六、七七二	國幣 五、六四四、〇〇〇 關金 二、九七〇、〇〇〇	國幣 九、八九四、〇〇〇 關金 四、三八六、〇〇〇	國幣 一二、八二七、〇〇〇 關金 五、六五四、〇〇〇
佔中國出口總額之百分率	〇・六五%	〇・八九%	〇・六六%	一・四〇%	一・五五%

805

中國輸往越南之出口貨物表（二）（國幣單位）

貨名	一九三八年份	一九三九年份	一九四〇年份	一九四一年份（一月至十一月止）
紡織纖維	國幣 四、三四四、四八〇	國幣 六五四、一七〇	國幣 六四一、四五八	國幣 七、一八五、三四六
紗、線	一、一二四、七一三	三七四、九〇七	二九四、二四三	三、八二一、八九八
疋頭	六五四、八五七	一〇、九六五、七八六	三一、一六五、五九六	三五、〇七〇、五六三
其他紡織品	四一七、一九一	三七三、八三七	一八〇、一七九	三、七八一、五七〇
菓子	二八三、五八八	四〇五、四三五	二九、七二八	一一〇、六九七
茶	三五、七〇五	五八、九九六	九二、八八八	一五五、二四七
菸草	三三六、三七〇	一〇七、四九九	九〇、五七〇	五九四、九九二
酒類	四七六	七四四	五九、四〇四	一二五、三三四
花生油	一二三	二一、〇五四	七八	五八
植物及其產品	三三、一〇〇	二一〇、〇六〇	五六六、一二七	七六六、一七八
皮革	四九、二三八	五九、〇二四	三一七、〇二六	一五五、九四六
動物及其產品	一、〇九〇、三三三	一九七、〇四三	四三五、九一一	七二九、〇二七
紙張	四二七、八九八	四三七、〇六五	一、二七八、八〇〇	三、五九八、八七四
鐵苗及五金	五、四九一、七六七	五三、四八六、五一五	三三、七一八、七四三	一九、五〇四、九九九
沙土石製造品	二七〇、九七九	二一六、九〇五	一五八、九八五	二七六、九〇〇
煤及燃料	一六八、七〇一	四二八、七六八	一、七六二、九四六	七六三、四六〇
其他	一、〇九七、五一四	三、一八七、一九四	三、六五八、七二二	八、七四九、五三二
共計	國幣一五、八一六、〇〇〇 或關金 六、八六〇、〇〇〇	國幣七一、〇四六、〇〇〇 關金二八、一五八、〇〇〇	國幣四五、二二二、〇〇〇 關金一六、七〇六、〇〇〇	國幣九二、六九五、〇〇〇 關金三四、二四五、〇〇〇
佔中國出口總額之百分率	二·〇七%	六·九〇%	二·二九%	三·五八%

806

七、華人之重要

（甲）越南華人之分配

玆由土人及外人之人口分配百分率上觀之、在外人團體中以華人爲最多、至爲顯明、華人以四一八、〇〇〇人佔其人口總額百分之二、若有準確之人口調查、此數更必大增、

在越南中國殖民之分配、大都集中於交趾支那、尤以西貢、西歐倫兩地爲最多、居於此處者佔華人總數一半以上、其餘半數以人口之多寡依序散居柬埔寨、東京、安南、老撾各地、

至論華人在交趾支那數量上之實力、大概每二十人中、平均必有華人二人、若以越南全部人口而言、則每五十八人中、平均有華人一人、華人以在西貢及西歐倫之數量、在各方面上都較其他人口爲多、凡寶塔、龍標、戲院、酒館、狹街、照牌、商店以及其他日常之勞碌狀態等等、均呈中國城市之色采、足使彼等遺忘西方政治之觀念、在西歐倫環境內、則目中所見之皮匠、裁縫、亦無不盡屬華人、而僑居於該地之華人、亦莫不自覺類如居在中國本鄉土地者同、

早在十五世紀時、交趾支那始成爲中國之殖民地、當歷代發生騷亂時、經過千辛萬苦之功、對越南始終保持藩屬地位、遷往南洋之移民、又負開路先鋒之重任、抱「發財」之熱望、更鼓勵無數華人冒險勇進、越南因最接近中國之故、所以造成此般移民光顧較早之良機、又因傳習關係、前往者大都以教育、工匠人等爲多、

多半殖民係來自廣東、福建二省、由海路沿岸而來、但廣西人與雲南人乃由陸路、沿紅河盆地及湄公河上流一帶往來之、

當局因欲便利管理起見、又將在西貢之華人按籍貫分為數幫、如廣州、福建、汕頭、海南、潮州等數幫、在海防則分為福建廣州兩幫、在東京又分為廣州、福建、雲南等數幫、每個華人須向其本幫首領登記、各幫首領係用選舉方法選擇之、其地位與中國之少校、上尉、或東印度群島之中尉者同、專司徵收捐稅或與政府當局辦理交涉事務、此種根深蒂固所謂「公會」者、彼此之間亦常發生內訌爭論之事、故因此業經除銷統一管理、凡關專理華人事務、悉由駐紮河內之中國總領事處理之、

在越南之華人、因有已往經濟及實踐之威勢、取得租地、航海、捕魚等權、故華人對越南之經濟活動上、誠係主要組織份子、該國之經濟發展亦負相當責任、尤以最前進之交趾支那更為顯著、華人本身雖非米之生產者、但在大量米產收成可能上、實居功非淺、蓋因在種植及收穫之間、凡土人需用借款與糧食等、全由華人供給之故也、

(乙) 法律地位

自越南失於法人掌中不久之後、關於兩國之貿易移民等規定、在一八八六年、一八八七年、一八九五年之中越條約內、全經訂明、後在一九二八年、此種條約復被中國廢除、而新條約當時亦未承訂、直至一九三五年夏季、雙方始又簽訂新約、當新約未見實施之六年中、在越南之華人、並無任何法律地位、全以無條約國條理待之、當時越南立即增為關稅、而華人貿易遂遭鉅大損失、遂即一蹶不振、捐稅種類繁多、中國殖民又遭重徵之苦、當不景氣時、對公司會計捐稅等、復施行强迫規定、使一般殷實之華商行家、企業家相繼失敗者為數累累、

吾儕深信彼此間國外貿易仍屬「物物交換」之性質、在此環境之下、當無圓滿結果、兩國因見如

此、故在一九三五年五月四日、根據互惠原則、復簽訂新約、後在一九三五年七月廿二日、官方正式公佈中越條約、凡關於貿易、捐稅、司法、裁判、移民等項、均以最惠國條款待遇之、此外凡華人在越南已得之權利亦皆承認、此種新約有效時期規定五年、關於以下所列重要條理、華人得享較優之地位矣、

（一）在越南各地得設中國領事館、

（二）華人在越南全部之殖民、旅行、貿易等權、與其他國人一律受同等待遇、不僅限交趾支那一地而言、

（三）華人須與最惠國國民、受同等之捐稅定額、

（四）對中國貨所施不公平之關稅、須即銷除、以恢復兩國間較優之貿易關係、

（丙）移　民

茲據越南統計年鑑所載、中國移民往來於交趾支那及東京之人數、在昔抵此之數屢有稽增、換言之、到越南者實較離去者爲多、在東京之人數雖波動極大、但據登記所載、抵此者之淨數、又與一九三〇年之數相同、而抵交趾支那之人數、自一九二九年起、反呈降跌之徵、茲將一九三一年所登記之實際離去之淨數、分別列如下表：

交趾支那與東京之華人往來表 （百單位數）

		一九二五年份	一九二六年份	一九二七年份	一九二八年份	一九二九年份	一九三〇年份	一九三一年份
交趾支那部份	抵達之數	二五、八	三三、九	四一、五	四四、四	五〇、五	四〇、九	二八、三
	離去之數	一八、三	二二、四	二一、二	二二、五	二四、二	二七、九	二九、九
	淨抵之數	七、五	一一、五	二〇、三	二一、九	二六、三	一三、〇	（X）一、六
東京部份	抵達之數	四、三	六、三	一一、四	二二、八	二九、三	二八、四	—
	離去之數	一、八	五、五	一、九	一八、三	二五、九	二三、九	—
	淨抵之數	二、五	八	九、五	四、五	三、四	四、五	—

（X）此爲淨離之數

據以上表格所載人數、乃包括往來南洋各地中國移民之混合數、若與海關所集之西貢汕頭間旅客人數表比之、其數則必更鉅、香港亦爲旅客進出之要道、而經此往來之人數、尚不在內、按華人進出於中國及西貢間之人數、由華方編製之記錄中亦可查出、一九三三年旅客登記總額數在一萬人以上、抵此者之淨數較多、而一九三四年離去者之淨數比較亦多、尚有多數華人迫於商業事務或家庭關係、往來西貢及東京之間者亦復不少、總之、華人往來於中國及越南之間者、爲數極鉅、手續上雖有種種費用、麻煩、阻礙等難點、但華人不顧一切、仍結隊而往、勢如潮湧、玆將一九三二年至一九三六年華人出入越南之總數、列表於下：

越南華僑出入人口數表

年份	入口華僑	出口華僑	出超或入超
一九三二年	二五、二七四人	五一、一二六人	二五、八五二人（出超）
一九三三年	三六、一八六人	四四、五三七人	八、三五一人（出超）
一九三四年	三八、六五八人	三三、五一五人	五、一四三人（入超）
一九三五年	四三、八八八人	二八、一四三人	一五、七四五人（入超）
一九三六年	五三、四二五人	三七、五七一人	一五、八五四人（入超）

（丁）匯兌

關於華僑自越南匯華之匯欵數額、迄今仍無準確統計可以引用、對此點若欲得其大概情形時、惟有採取演繹方法推定之、據云在以往甚至現在、華人在越南之投資、實佔最重要之地位、屬於華人之碾米廠、約有百分之六十五、中等商業悉操於華人手中、法人屢謀革奪華人對亞洲鄰國米之出口業、但終未成功、當不景氣時、華人仍能掙扎奮鬥、保持其固定地位、然據目下情形觀之、似已不及往昔之榮觀矣、按華人每年進出於中國與越南間人數之衆多而言、即可推定其帶回之欵額、爲數當然亦不在少數、此種無形匯欵、實較銀行匯欵爲重且多耳、茲據估計所得、每年匯回中國之匯欵、在不景氣

時期約有一〇、〇〇〇、〇〇〇元、而在興盛時期、約有四〇、〇〇〇、〇〇〇元之多、而華僑之捐欵等項、尚不在此數以內、

第六章　泰國

一、概論

（甲）地理之位置

泰國王國位於亞洲東南、佔有土地二〇〇、〇〇〇方英哩、南北長約一、〇二〇英哩、東西爲最寬、約四八〇英哩、東北與越南爲界、西北爲緬甸、西南爲馬來半島、南隅海岸線約有一、三〇〇英哩、大部毘連暹羅灣、

（乙）政體之組織

泰國政府、昔爲君主專制政體、直至一九三二年六月廿七日、始引用臨時憲法、改爲限制之君主政體、於一九三三年十二月十日、又將此臨時憲法廢除、復用新立及永久之憲法代替之、內載國王附有否決權、解散國會權、主張復選權以及特赦權、又有與外國宣戰、媾和、簽約等權、

（丙）人口、物產、運輸

泰國不如其他亞洲東南各鄰、處於西方政治統治權之下、其經濟組織、並未顯出特殊異點、泰國之經濟及貿易特性、大概與其鄰國越南緬甸相似、據一九二九年戶口調查、人口共計一一、五〇六、二〇七人、其中泰國人爲一〇、四九三、三〇四人、華人四四五、二七四人、印度及馬來人三七九、六一八人、柬埔寨人（Cambodians）與安南人六五、九八九人、撣族人（Shans）與緬甸人三二、

三八五人、日人二九五人、白種人一、九二〇人、其他國籍者八七、四二二人、

一九一九年至一九二九年之間、國內平靖無事、人口因之增加百分之廿五、此種增進率、歷能穩定保持不變、迨一九三四年三月底止、泰國之人口估計、約有一二、七四三、〇〇〇人、以宗教分之、佛教徒佔百分之九十五、回教徒佔百分之四、基督教徒佔數甚微、尚不及百分之一之半數、據一九三七年戶口調查、人口總數爲一四、四六四、四八九人、較一九二九年增加二、九五八、二八二人、與一九三四年相較、則增一、七二一、四八九人、

多半人民（一千四百萬人以上）皆依農產品爲生、尤以米產爲最多、食料生產爲泰國農民謀生之唯一方法、每年供給彼等之收入者、約佔百分之四九·七五、米產及其他收成佔收入總額百分之三八·五、動物及其產品佔百分之七、又魚類佔百分之四、

泰國基本食料爲米、有時亦用於飼養家畜、如人類者同、魚類亦係主要食物、蔬菜爲每日必食之物、但水菓似不常食用、肉類與蛋類之消耗可云極小、在泰國之人皆喜飲茶、但農民決不用鮮乳或咖啡等爲飲料、產米不但獨佔食料之地位、即泰國之經濟生命、亦無不被米業掌握、該國以可耕種之植田面積提作爲產米者、佔百分之九十、

米在生產總額上、及出口貿易上、雙方皆係重要貨物、在一九二六年至一九三〇年之間、據官方統計報告、每年米之平均產額爲七四·六百萬擔（九、九四七百萬磅）、內中出口者佔二千二百萬擔、米之出口平均佔出口總值百分之六十七、一九三三年至一九三七年米之平均產額爲五五·七百萬担、內中出口者平均佔二六·二百萬担、平均佔出口總值爲百分之五三·七、泰國在世界產米最多國中

814

、居第五位、僅在菲律濱之上、及越南東印度羣島之下、在世界貿易上、泰國次於緬甸及越南、居出口產米最多國中之第三位、

除米田外、泰國又有名貴之柚木森林、錫鑛等、沿海一帶、又富於海產品、

除極南部狹長土腰外、有湄南河（Minnam river）及其支流橫流全國、在此肥沃流域之盆地內、最富饒之米田即產於此間、除河流作爲運輸外、泰國同時亦採用鐵路運輸、可謂得益非淺、自一九二〇年至一九三〇年之間、經有次序之十年建設計劃之後、全部鐵路系統因之大加改進、今日泰國之鐵路系統、在東方各國之間、亦爲其中辦理最美善、最有效力者之一、比越南、菲律濱、東印度、中國等鐵路、每千方哩擁有較大之哩數、而公路並不發達、適與鐵路相反、

（丁）曼谷（Bangkok）

都會曼谷爲工商業之核心、位於湄南河岸、接近河口、又爲四通八達全國各部鐵路之樞紐、遠至越南之西貢（Saigon）、檳榔嶼（Penang）各城、以及馬來之昭南、曼谷不啻爲泰國沿海各富庶地之出口、自內地收集之產米、大都在曼谷附近、加以碾磨手續、再輸往香港、昭南二地、由彼二處復轉運至中國、歐洲、爪哇、日本、美國、以及南美等地、當一九三一年至一九三七年時、全國之貿易經過曼谷港口者、約佔百分之八十七、

二、略史與經濟情形

（甲）略史

遠溯開國以來、泰國王國之生存、並未十分遭遇外國侵略而中止、該國以前雖曾一分爲二、但觀

後又告復合、中國頗能高尊泰國王意見、而泰國王竟亦年年進貢中國、同時中國又認其爲亞洲東南部藩屬之一、

直至十六世紀時、西方人士始來深入該國、泰國鄰國如越南、緬甸相繼淪入法人及英人之手、泰國以前所以不能以獨立國家而生存者、即因受英法兩國間彼此妒忌之害耳、——英國自印度緬甸向東擴大、而法國自越南向西伸佔、

如此情形、泰國不得不屈居英法勢力之下、當時泰國王在曼谷確有絕對治理之權、此乃當日所公認之眞情也、

在一八四二年前、中國勢力佔據泰國、迨鴉片之戰後、中國爲英國所敗、從此中國勢力在泰國始見衰落、而英國勢力則取而代之、厥後英國復將其他國籍勢力又擠去之、泰國貴族大都在英國大學受教育、作爲平民在泰讀英文之模範、又聘英國顧問長官、泰國政府債券亦得在英國流動、銖（Baht泰幣）之價値、須隨英鎊行市而定之、

但自泰京革命之後、事過境遷、國家主義萌生於泰人腦海中、政府方面則力圖發展國內經濟資源、及鞏固國家地位、

在最近數年、一般民衆均被泰日親善、經濟合作之思想引起興趣、棉花生產在日人指導之下、鼓勵全國積極進行種植、對於植糖、菸葉、玉米、植林上、預料亦得日本同樣之協助、泰國近來又捨遠而就近、每從近鄰日本購買重工業產品、如機器、火車頭及其他製造等物品、以代遠道之英國、日本對泰國於經濟、政治、雙方皆有極大希望、勢能超出英人之上、此種情形殊爲顯然也、

（乙）財政概況

當一九二三年至一九三〇年時、泰國之興盛如同鄰國、而國內亦極平靖、故能使政府從事於擴大建設計劃、在此幾年中、凡教育、交通、及其他一般之改進、進步極快、於一九三〇年時、泰國之經濟情形、始顯退步之徵、當時世界之物價、銀價均暴跌不息、而中國之購買力、又見減低、因之泰國之米業、及其他主要出口業無不大受影響、不但捐稅降低、即貿易平衡、亦告減少、

政府當局因欲減輕不景氣之影響、引用極嚴肅之方法、一方維持捐稅收入、他方設法減少用度、因欲期達此種目的、故新關稅之增加及修改、竟達數次之多、在一九三一年增改二次、一九三二年增改三次、在一九三三年又修正一次、幾將所有不受條約限制之各種貨物、均大加捐稅、此外尙有港務稅、駁運稅、房地稅、皆高加不少、郵資、移民稅、亦在加高之例、此外又有許多其他新稅、包括火柴及水泥等土產稅、薪給稅等等、

同時再施以嚴刻之經濟政策、凡不重要之資本用度皆暫告延期、而維持成本方面則力圖減至最低程度、政府各部各機關皆互相合併、重為支配、凡行政長官等亦均奉令力減開支、

受一九三二年六月之革命、促成強有力之新政府、曾經數度改革、凡舊政體以前所減低百分之二十之捐稅、以及各種花園、土地、樹木等稅、及新政府成立後、更為大減、郵資又回漲至原來水平線、近來施行之房地稅、亦告除銷、新政府又引用新銀行稅法令、凡存款銀行每月在其平均存款上、與運用資金上、以及匯兌銀行每月實際匯兌往來額上、皆須徵收捐稅、關於開支及高級長官之薪金裁減又嚴、凡海陸軍高級長官大半告退、

政府有如此堅決之心、一切改革又皆根據前程遠大、鞏固建設政策而設想、決非僅拘暫渡目前主義、泰國財政背景雖然黑暗可畏、但此種情形、亦無須視作過於悲觀、蓋因泰國一旦或能變爲極富足之國家也、其幣制地位亦極鞏固、目下政府又在實行一種興盛計劃、包括保持內部和平、敦睦邦交、地方自治、改進公共衛生、改組警察及監獄制度、苟能辦到、則泰國政治之穩固、及財政之完美、皆可從擾亂之中而謀得矣、

(丙) 外國投資

關於外國在泰之投資數額、性質、範圍等、並無官方估值資料可以採用、若從公債上、貿易上、及其他之統計上觀之、戰前英國在其外國投資中、似佔最大部份、關於泰政府債券、皆以英鎊本位發行於倫敦、論及外國在泰投資中、華僑雖未掌握大宗財富、但因其在泰之人數、及經濟狀態上、可謂無論任何國籍所不能勝過者、在泰多半華僑、幾全係永久居住、因此將其在泰之投資、有時又視作當地投資、若以華僑在泰資金皆移至別處、則最低限度或暫時能使泰國有立即變爲貧窮之危險、對此種可能性之危險、泰政府本身必須警誡之、外國在泰之直接投資、從貿易統計上即可推知、——最低限度在銷售方面——悉被馬來、大不列顛、中國、東印度羣島、日本、美國、德國等依次分佔、但對此種論據、並非擔保十分準確之斷定也、

三、貿易實務與組織

(甲) 貿易之專門組織

專門組織之貿易、在泰實際極少、即有、大都係馬來所放棄之貿易也、外國機關佔進出口業之要

818

素、而華人機關均係中間商賈、一方連合進口者與消耗者、他方又爲生產者與出口者之介紹人、在雙方皆佔重要地位、

泰國對日政策雖極親善、米價跌落、減泰人購買力、而日本又佔其他利益者頗多、日本如此接近、以及貨物成本之減低、均能使日本在極短期中、獲得泰國進口業大部貿易、但結果適得其反、消耗貨或資本貨等進口業、大部均歸英人經營、凡進口貨、尤以必需品爲最、均經分配機關之中間人、如批發商及零售商等自曼谷分與全國各地之消耗者、加以便利之鐵路、助成分配迅速、以免如馬來屬邦各區物價相差太遠之流弊、

在出口貿易上、一切辦理手續則絕然相反、生產者——尤以米穀爲最——以最高之價售與附近各碾米廠代表人之收米員、由碾米廠施以剝殼、磨光手續後、再預備出口、碾米廠平常並不自做出口營業、因物價波動太甚、不勝冒此危險、碾米廠祗售與本地商人、出口貿易、即由彼等經營、最穩當之銷售方法乃用契約規定、在某定價之下供給若干米量、價格既有把握之後、其他即可掌理一切、再限定某價買進米穀、從製造中又可穩得利潤、自外國各地米價劇跌以來、有許多碾米廠、採取「套頭」政策、擔保彼等之利潤、又有許多大佣金商行及掮客遵照各需要國所排定之價格、在市場上依次買賣、此等商行均設於曼谷、惜因暹米大都須經此港輸往他國、僅有少數之米乃由鐵路運往馬來、

(乙) 商業理財

在泰米廠及米業大部由銀行接濟墊款、當收成時季、碾米廠須籌劃國足廠中一年所需之米穀、有時大宗米穀購進、乃經廠方代表人收集員或商人承辦之、但在多半情形之下、廠方無不向農民直接買

辦、在此時期、廠方每因囤積大宗米穀而缺少現金、倘需要流動資金時、囤米一時反不能脫手、故彼等之製造程序數量、極有限制、而囤積之米、亦就足敷一季之用、但在青黃不接之時、又不可將囤米售出、深恐加高成本、日後如再購進時、其價反比收成時勢必較昂、遇米穀缺少時、倘不能購足囤穀、在季末之前、礱米廠又有停工之危、因此一般礱米廠、在較低利率上、皆願向銀行借款、所以彼等做法無不如此、彼等每將不需要之存米、在留置權之下、與銀行情商、按值抵借一部份貨款、以便週轉營業、——礱米廠亦係如此做法——先將米及其他產品逐漸賣出、一方向銀行還債、再將存米從留置權中逐漸提出、然後再變成礱米、引用留置權方法、以存穀向銀行押款、一季中最緊急之重擠遂即渡過、一切難題就此迎刃而解、

在米之出口上、泰商要求國外受託人、必須開立不可取消之信用保證書（Irrevocable credit）方能交易、凡打出之票據、出票人概不負追索之責（Without recourse to the drawers）、倘有一事必須明瞭者、即米當已裝船準備出口時、交付貨物人、可將運單以及收款匯票等件讓與銀行、以微少之貼現率向銀行收取在運輸中之貨款、至于其他產品出口業理財執款等、亦照此同樣情形實行之、

進口業之理財與出口業者同、手續亦甚簡單、進口行研究泰人所需要以後、亦可直接向國外定購適合需要之貨物、取代委售商之貿易、與新設商行之交易、又須銀貨兩交、而信用較好之商行、尚可議以六十日或九十日之期、憑押匯承兌匯票（Documents against Acceptarce）之期票提取貨物、資本貨物及建築材料等進口、——多半係政府之用——大都以長期分期付款方法為主、

（丙）商業組織

在泰之華僑商人、銀行、手藝人等、各自組織各業公會及聯合會、此種機關多半均未註册、亦未經當局承認、查泰國中華總商會已在曼谷成立並向當局註册、以增進僑泰華人商業之互惠利益爲宗旨、不啻爲僑泰華人之中央機關、凡私人遭遇所不能勝任之事件時、可訴諸商會或七十餘所未經註册之公會或聯合會、代鳴不平、可得公平處置、祖國若遇水災、荒災、及其他災難而有所求助於海外僑胞時、大宗捐欵亦經此機關匯往中國、故僑泰之中華總商會、亦可代表泰國華人社會中之公益機關、在歐人、法人、英人之間、亦各自組織商會、以鞏固商業地位、保護利益爲宗旨、泰國王國經濟部發行統計年鑑、以統計圖表表示泰國之經濟狀況、凡關人口、商業、國外貿易、財政、司法、教育、實業等無不詳載其中、

（丁）幣制

（1）金匯兌本位制（Gold Exchange Standard）

泰國爲採取金匯兌本位制（即虛金本位制）最早國中之一、在一九〇二年前、泰幣之國外價值乃隨銀價而波動、凡進出口行之經營、以及政府之往來匯欵、無不以銀價之漲落而受影響、故政府在一九〇二年時、即關閉造幣廠、停止自由鑄造銀幣、泰幣價值遂告穩定、初定十七（銖）對一（英鎊）之比、繼在一九〇八年時、屢經數度之改革、又定爲十三對一之比、以此比率穩定匯兌者、約有十二年之久、查其所以能告穩定者、計有兩大要素、第一點、泰國貿易之出超、在平常時期、已在國外增加充足之巨數餘額、政府又以定率買進外幣、準備應付國外用途、此即組成匯兌最高水準之第一要案、第二點、在貿易入超年中、匯兌水準至最低時、由政府自願出賣外幣而擔保之、除此以外、政府另

置紙幣準備（Paper Currency Reserve）及金本位準備（Gold Standard Reserve）、皆以英鎊爲本、若在異常境遇之下而政府之國外資源難於應付時、則以此種準備爲保障、該制度運用以來向極順利、後受歐戰之擾頗甚、在前又被認爲阻止泰幣隨銀價低落因而貶值之良策也、但在一九一九年時、銀價曾達其最高峯、仍未能阻止該值之劇貶也、若欲阻止泰幣價值不超出票面價值之上、（在幣制全體上而言、此種結果由於融化或出口銀幣所造成）必須逐步增高匯兌、直達最高額爲止、故在一九二二年時、對英鎊之比率曾在十銖以下、後在一九一九年、銀價突然崩潰、又以年景收成失敗更加劇烈、匯兌水準之高難以維持、資源又不能任政府之處置、故在第一次歐戰後、曾加以整理及改革手續、之後政府復定買賣英鎊之價值、各爲泰幣一〇・八〇銖、與一一・二〇銖、當國際匯兌之平衡已達時、復逐漸回至穩定之地步、故在一九二七年三月、泰幣與金鎊之比率爲十一與一之比、並得法律上之認可、

（2）貨幣

泰國通用幣之單位爲銖（Baht 即泰國銀幣、約合美金四角四分）、查銖之名又與外文中之梯克爾（Tical 泰國之一種貨幣單位、約合美金三十七仙）者相同、該名在泰人中並不深知、按一九二八年四月之貨幣條例、規定銖之金價（Gold Value）、成色定爲純金・六六五六七公分、十一銖等於一英鎊、二・二六銖等於一美金、每銖又分爲一百士丁（Satang）、士丁銀幣又分爲五十與廿五士丁等單位、十與五士丁單位者爲鎳格爾、一士丁者爲銅幣、流通之媒介物幾全爲紙幣、政府又發行通用紙幣、分爲一、〇〇〇銖、一〇〇銖、二〇銖、一〇銖、及五銖等單位、在一九三三年鈔票流通總

額爲一一四、二八二、四九八銖、每人平均一〇・九一銖、並有鉅額之準備擔保、五分之二爲銖銀幣、餘者爲存在各外國金融中心之外國債券、或現金通用鈔票及銖銀幣、不拘任何數額、五十與廿五士丁至五銖或鎳格爾及銅幣至一銖、皆得稱爲法幣、茲將歷年各種貨幣流通額、列表於下：

泰國歷年貨幣流通額及準備額表　（千銖單位）

年度	紙幣流通額	準備金	銖幣流通額	五十士丁流通額	二十五士丁流通額	十士丁流通額	五士丁流通額
一九三〇—三一	一二〇、三六八	五三、〇〇〇	二四、七三〇	一、九三六	三、一八六	四〇、一九八	五三、〇五〇
一九三一—三二	一二五、八七一	四三、三七二	一七、四四八	一、六〇三	一、九三三	三五、九五七	五二、七八一
一九三二—三三	一二四、六八二	四三、三七二	一五、九〇五	一、三七八	一、八五三	四三、一七九	五四、二七四
一九三三—三四	一二一、五五三	四三、三七二	一三、九二九	一、五九六	一、七六四	四五、六六八	五六、九〇二
一九三四—三五	一三五、五五三	四三、三七二	一二、三七四	一、六八二	一、六六五	五〇、〇七五	六〇、八二一
一九三五—三六	一三一、四三三	四三、三七二	—	—	—	—	—
一九三六—三七	一四五、四五三	四三、三七二	—	—	—	—	—
一九三七—三八	一三五、九五五	一七、五四八（註）	—	—	—	—	—

（註）：四三、三七二、〇六四銖之銀幣照市價折算

（3）泰銖與英鎊之關係

當一九三一年英國放棄金本位時、泰政府決定亦同時中止處金本位制、當該二國以前均採金本位時、泰幣與英鎊間之匯兌率、均在同一匯率之下、互相關聯、此種主張決定、據云並非政府無力維持

貨幣金價、但因多半泰國之國外貿易、係與金鎊本位國而往來者、若採用金鎊匯兌本位制、(Sterling Exchange Standard)、則政府對於農民方面亦可加以救濟或改善之、如獎勵貿易方面者同、如是十一（銖）對一（英鎊）之原來關係又告恢復、迄今泰幣之漲落仍步金鎊之後塵也、

四、國際貿易

泰國國際貿易之移動、以大體而言、自一九二〇年至一九二一年間始有記錄、在此以前、所有之數字、僅指曼谷一地而言耳、泰國之陸上貿易額較少、而海中之貿易則佔其中之大部份、曼谷為泰國僅有大港、多半貿易、均操縱於此、在事實上、凡泰國之進出口貿易、除極少部份外、大都由曼谷進出、

（甲）貿易區域　（千銖單位）

區域名稱	一九三〇—一九三一年		一九三一—一九三二年		一九三二—一九三三年	
	進口	出口	進口	出口	進口	出口
亞洲	九七、一六八	一三八、五八一	六四、四〇六	一〇九、五五八	六〇、〇九五	一三八、[illegible]三七
海洋洲	一、六一七	六一、〇八三	一、一六四	二〇	一、一三〇	九九
歐洲	四六、九八〇	一〇、八五二	二九、二三一	一七、四一七	二四、一三二	八、三八九
北美洲	九、一五二	七四六	五、〇八二	四二七	四、〇九九	一六六
南美洲（包括西印度羣島）	五	九、九五四	五	五、七三〇	一	四、五九一
非洲	八四	一、三二三	一九	一、〇五二	三八	一、一三八
總值	一五五、〇〇八	一六一、五一八	九九、九〇八	一三四、二〇六	八九、四九七	一五二、五二二

若以貿易區域分析之、即可覯出泰國與亞洲、西印羣島、非洲等之貿易爲出超、與歐洲、北美等之貿易爲入超、其說明極爲簡單、如亞洲方面之中國、香港、馬來、東印度羣島等、均爲暹米之最優主顧、暹米在西印羣島及非洲亦稍有市面、但對其大量必需品則不能輸入、

泰國多半之食料、紡織品、製造品等貨物、均自英國、德國、丹麥、荷蘭、瑞士、日本、美國等處進口、與歐洲及北美之貿易、則呈逆境、

下列之表、乃以國別指示泰國與國際貿易之狀況：

泰國與主要各國之進口貿易價值表（銖單位）

國別	一九三四—三五年	一九三五—三六年	一九三六—三七年	一九三七—三八年
比利時	二四二、九一八	二八五、一四五	四九三、八五八	七九八、六〇九
英國	二四、八三六、九三三	二五、〇五五、一八九	二二、六一四、四二五	二三、八〇四、五四三
香港	三三五、〇〇〇	一九九、三七五	四三八、一五四	七九九、六一三
檳城	八、四五八、八九九	七、七四二、三七三	八、七六四、〇三三	一、七八八、三四四
昭南	九二四、〇六七	一、〇六一、五一六	二、八九九、九七二	三、三一三、一九三
中國	一二、六〇八、五七二	一一、四一一、七二七	一一、九五八、七六〇	九、四九七、五二四
丹麥	九九五、八五〇	八八一、七五七	一、〇六二、〇〇一	一、三一二、八五八
法國及屬地	一、一五九、三七一	一、一三四、九八五	一、二二八、七七四	一、五〇二、五五七
德國	三、九〇二、一四二	四、八五〇、二二〇	六、一九六、〇三〇	七、三六一、四五八
荷蘭及屬地	一五、九一三、三二六	一七、〇六一、二一一	一四、七三〇、六〇九	一五、一二八、八二一
日本及屬地	二五、九三八、四四一	三一、八二六、一九二	三一、三四三、〇〇五	二四、三三七、四三六
葡萄牙及屬地	一、八〇七	一三〇	一、〇七一	六、一三八
瑞士	一、〇八五、三〇四	一、三八三、七〇五	一、五一一、七八四	二、二七五、四〇一
美國及屬地	四、四八〇、四〇三	五、一一三、五〇二	五、九八三、〇四九	八、五七〇、〇七九
西印度	—	—	五	五
其他	八四三、六八八	七四七、〇二〇	八一八、一一八	一、三二八、八七九
合計	二〇一、七二六、七二一	一〇八、七五四、〇四七	一一〇、〇四三、六四八	一一一、八二五、四八五

泰國與主要各國之出口貿易價值表（銖單位）

國別	一九三四—三五年	一九三五—三六年	一九三六—三七年	一九三七—三八年
比利時	四二八、五八七	四九七、四九九	二、一二九、八七五	九〇九、〇〇五
英國	二二、三五八、五一一	一九、八一六、一七五	一七、八三八、〇七七	一二、五七一、二七五
香港	三六、七四五、一六六	二六、八五四、六四五	二六、三六九、〇五八	二一、一二三、六七四
檳城	三六、四〇三、九五〇	三五、六七八、八六〇	四九、三一八、六〇四	五八、一〇九、七九九
昭南	四四、八五一、二二三	四八、〇四七、四八九	五一、五〇四、〇七四	五二、六五八、九四三
中國	八、八三三、九二九	二、四六六、四一七	一、五四七、九五〇	六〇五、〇九八
丹麥	四八一、三五六	二七六、五八二	四〇六、八一二	四二九、九二九
法國及屬地	三二二、三八三	三二一、三一一	六八五、五〇七	九三〇、三五七
德國	一、七九三、八一六	一、一四二、七九八	一、六七三、六六五	二、七二四、四四九
荷蘭及屬地	五、四八三、〇四六	三、一七〇、三九二	四、〇三一、四〇四	三、三三六、六七一
日本及屬地	八九九、三九二	三、三五六、四二八	五、六二八、六七八	六、二六一、〇七七
葡萄牙及屬地	一、〇九九、一四九	一、三二六、二七二	一、五八九、七六六	二、〇五六、五七一
瑞士	五九、二八三	一〇一、〇四二	七三、〇八九	八三、三六三
美國及屬地	三五四、八六〇	二六七、四四三	四、四五〇、七六〇	一、一九五、六四六
西印度	一〇、七〇六、三二四	一一、六五八、四七三	一五、一四五、六九四	四、四六三、一二四
其他	一、七七三、八九六	三、三三六、四九七	一、九二八、一四一	二、〇三三、八二三
合計	一七二、五九四、八七〇	一五八、三一八、三二三	一八四、三二一、一五四	一六九、四九二、八〇四

327

（乙）進口概況

在南洋方面、泰國之進口貿易、與其他各國比之、頗爲特異、第一點、該國各種製造必需品須依別國供給之、凡雜項食料、飲料均自國外輸入、小量之石油、烟草、鐵製品、機器等亦均仰給於外國、糖及蔴袋業亦有小量之貿易、鮮乳在曼谷、實際上絕無效用、因此泰國衛生牛奶棚幾不能存在、在鄉間地方、農民所用牛乳可得自耕牛及水牛身上、在此情形之下、致使泰國進口大量罐頭牛乳、蓋因牛乳爲國人主要食料、故得普遍全國也、製造物品之進口、約佔進口總額百分之六十、大概包括價廉之棉織品、棉花佔百分之二十、石油產品佔百分之十、鋼鐵佔百分之七・五、電器用品佔百分之五、在一九三二年飲食料之進口數達泰幣一六、〇〇〇、〇〇〇銖、或佔進口總額百分之十八、原料數達泰幣一一、〇〇〇、〇〇〇銖、或佔進口總額百分之十二、菸草數達泰幣五、〇〇〇、〇〇〇銖、或佔進口總額百分之六、一九三七—三八年紡織品及紗綫進口數佔總額百分之一〇・六、飲食品佔百分之八・二、機械及金屬製品佔百分之七・七、燃料油及油類佔百分之五・一、菸草佔百分之二・五、電氣器具佔百分之一・三、若求其來源國籍、則泰國之食料多半自香港、馬來進口、棉製品自中國、日本、英國進口、菸草自美國中國進口、鋼鐵自英國、日本、德國進口、糖與石油由東印度羣島供給之、裝米用之蔴袋、大都自馬來（昭南）印度進口、電器用品來自丹麥者佔百分之卅四、美國者佔百分之十二、中國者佔百分之八、德國者佔百分之七、英國者佔百分之六、日本者佔百分之五、玆將泰國進口貿易之概況、示表於下；

泰國主要進口貨物價值表（一）

（銖單位）

貨名	一九三四—三五年	一九三五—三六年	一九三六—三七年	一九三七—三八年
電氣器具	一、六八八、二九三	二、○二六、八四八	二、四七二、七一九	三、○一三、六五二
食品	一四、七八七、七八五	五、八四九、一八七	一六、六五○、三四六	一六、六七九、七八○
麻布袋	六、九一三、六八六	五、二五五、○八七	五、三四九、三六四	三、一四九、六二二
機械	三、一四六、八五二	四、一五七、九二六	五、四一六、六五七	六、六六五、八六六
藥品	一、四三三、八八一	一、七四六、七九八	一、九七六、二四七	二、二九三、九二七
金屬製品	八、三三三、七八四	一○、○七一、二八八	九、三八七、一三○	一○、四四八、六九一
燃料油	一○、七六二、二五八	二、四二七、六四二	九、九三二、二三六	九、九五八、八六○
其他油類	八九九、○五八	八八五、○四八	一、○○三、八一○	一、四一三、九二八
紙及製品	二、二六四、一二六	二、一五九、四二四	二、六二六、五七七	三、三○一、九二八
橡膠製品	一、五五五、七三四	一、二○二、二三四	一、四八○、○六一	一、四二○、二九一
紡織品	二一、七九二、○五一	二二、八九九、五七七	二一、八五九、七二三	一九、九八九、○七一
烟草	五、一八九、七二四	五、四七五、○七○	五、四六八、八○五	五、五二九、四三九
車輛	二、二五○、六五二	三、一三○、九二○	二、八三六、三三三	三、四○二、一○一
紗線	二、九六五、九八九	三、六○七、一五七	三、○二七、二九二	三、五○七、九六七
其他	一六、一四三、七二七	一七、七一五、四七三	一七、七九六、一五四	一八、七七八、三七七
合計	一○○、一二七、六○○	一○七、二七一、一三二	一○七、二八三、四五四	一○九、五七三、二四二
啤酒及酒	一、二二四、八九五	一、二八二、七四九	一、五七二、○二九	一、五七五、一四八
鴉片	—	—	二二九、二一四	—
金銀條	三三六、五二八	一五○、七三六	八六七、三八七	五八八、○一四
金幣	三七、七一八	四九、四三○	九一、五六四	一○八、○六七
輸入總計	二○一、八五四、三四一	一九七、三七三、七二六	二一七、三二七、一○二	二二一、三七七、九八一

329

泰國進口貨物價值表（二）

（千銖單位）

貨物名稱	一九三二—一九三三年 價值	一九三二—一九三三年 百分率	一九二七—一九三一年之五年平均數 價值	一九二七—一九三一年之五年平均數 百分率	一九二八—一九三二年之五年平均數 價值	一九二八—一九三二年之五年平均數 百分率
飲食品	一六、〇九九	一七·九	二七、四六八	一六·一	二四、五二〇	一六·五
原料	一〇、九八九	一二·二	一七、九八〇	一〇·五	一六、一五二	一〇·九
製造品	五五、三一三	六一·八	一〇二、六六四	六〇·二	八九、六九七	六〇·五
烟酒	五、二五八	五·八	一〇、三〇六	六·〇	九、〇〇四	六·〇
鴉片	—	—	四、四〇七	二·五	三、二六四	二·二
金幣金條金葉	二四	—	五、一二〇	二·〇	二、八八五	一·九
雜項	一、八一一	二·〇	二、五五二	二·四	二、六五七	一·七
進口總額	八九、四九七	一〇〇%	一七〇、五〇〇	一〇〇%	一四八、一八三	一〇〇%

（丙）出口概況

泰國出口貿易、又與鄰國緬甸、越南相同、米爲主要貨物、輸後竟佔出口總額自百分之六十至七十、其他重要出口物品爲錫（包括錫苗）柚木、在一九三二年時、各佔出口總額百分之十、及百分之五、泰國之一切情形亦如其他南洋各國者相同、大都依靠昭南、香港兩港、爲其產品之唯一市場、此兩港在一九三二年時、各佔暹米出口額之百分之卅一、日本佔百分之九、東印度羣島約佔百分之八、如將運往香港及昭南之貨物加以分析時、即可顯出中國與荷蘭輸進者各約佔百分之廿、泰錫幾全部輸往馬來、在彼處經過融化後再重出口、柚木大都輸往日本、中國、以及西歐各國、茲將一九三五年至一九三六年泰國與主要各國之出口貿易概況、分別列表於下：

一九三五年至一九三六年份泰國與主要各國之出口貿易表

（每種貨物出口總值之百分率）

國別	米	錫苗	柚木	海產品
香港	二一・九	—	一五・九三	二七・六
中國	一・三	—	五・二五	—
日本	三・二	—	一一・九一	—
馬來	三六・六（馬來、昭南合計）	〇・〇一	—	一一・四
昭南		九八・二一	六・三九	五九・七
東印度羣島	七・九	—	—	—
印度	七・八	—	一一・二四	—
英國聯邦	—		五・八四	—

331

泰國主要出口貨物價值表（一）（銖單位）

貨名	一九三四—三五年	一九三五—三六年	一九三六—三七年	一九三七—三八年	一九三八—三九年
米	九八、四五七、五九七	九〇、八五六、六三三	九五、九四四、四四四	七五、五四三、五二二	九七、四一九、〇〇〇
錫	三六、五四六、六一〇	三三、七七五、二〇五	三九、八〇九、三八九	三七、五二八、三三五	三〇、八一四、〇〇〇
樹膠	九、五〇〇、七九五	一八、二二二、六〇七	三五、五〇一、一八六	三三、六五七、六七〇	二五、一三五、〇〇〇
柚木	四、五八八、八〇八	七、〇三三、一一七	八、六五一、七五〇	九、一二二、一二六	八、六九四、〇〇〇
其他木材	一、〇八八、一三三	八六七、一八二	一、〇四九、七九六	一、一六九、三九五	
鹹魚	二、四三四、〇五六	一、七八四、八七六	二、一五二、七八四	一、八五一、〇二六	
皮革	八七一、一三一	一、六三〇、一〇三	二、五五六、七九六	二、九七一、四四九	四四、三七三、〇〇〇
其他	一五、〇八五、五九四	八、九八五、五一五	二二、四二八、七九四	一一、一七一、七四六	
金銀條及硬幣	二一、五五七、八七五	八、九〇五、三六〇	四、九七六、四二五	三、五五六、八五六	
輸出總計	一六九、七二〇、五八八	一五五、六三六、六八六	一八一、〇四六、五四一	一六五、五五六、九〇一	二〇四、四三三、〇〇〇

332

泰國出口貨物價值表（二）

（千銖單位）

貨物名稱	一九三二—一九三三年 價值	一九三二—一九三三年 百分率	一九二七—一九三一年之五年平均數 價值	一九二七—一九三一年之五年平均數 百分率	一九二八—一九三二年之五年平均數 價值	一九二八—一九三二年之五年平均數 百分率
米	九四、二〇〇	六一・七	一三九、一八七	六六・六	一一七、七九五	六三・九
其他食料	五、〇八一	三・三	—	—	七、四五三	四・〇
柚木	三、三一二	二・一	九、四一九	四・五	八、〇九二	四・四
錫與錫苗	一四、三〇三	九・四	一九、〇七五	九・一	一七、四五一	九・四
金條金幣金葉	二二、四六七	一四・七	一、二〇一	〇・五	五、六九四	三・〇
雜項	一一、〇八一	七・二	三四、四一三	一六・四	二三、〇五七	一二・五
轉出口	二、〇七五	一・三	五、五五一	二・六	四、五五四	二・四
出口總額	一五二、五二二	一〇〇%	二〇八、八四八	一〇〇%	一八四、〇九九	一〇〇%

（丁）米之出口

如前所述、泰國為重要產米國之一、佔世界第五位、在最大出口國中佔第三位、多半之米均在曼谷附近加以碾製後、大都輸往香港及昭南、再重出口至歐洲、爪哇、中國、日本、美國、西印度羣島等地、白米、白碎米及出口米（Cargo Rice）為暹米大宗之出口貨物、香港與昭南購辦泰國白米之數量、彼此大都相等、白碎米、洋秈米及其碎米、均輸往香港為目的、而白米多半輸往昭南、其他米穀出口則較少、

泰國之經濟地位、與越南、緬甸相同、米價之跌落、及出口需要之呆滯、所受影響極鉅、暹米之價、平常較西貢米、仰光米之價為高、但劇跌亦鉅、例如一九三〇年暹白米價每擔自泰幣七・九四銖、至一九三三年時跌至泰幣四・一五銖、同時白碎米自泰幣四・八九銖跌至泰幣三・〇二銖、出口米則自泰幣五・四三銖跌至泰幣三・二三銖、一九三〇年時、米之出口總值為泰幣一〇三、〇〇〇、〇〇〇銖、但與一九三二年至一九三三年之出口總值泰幣九四、〇〇〇、〇〇〇銖相比、在同一時期內、數量上却自一七、〇〇〇、〇〇〇擔、增至二七、〇〇〇、〇〇〇擔、一九三四——三五年出口數量三三、七〇一、一二五担、價值九八、四三七、三九七銖、一九三五——三六年數量二五、〇二九、七六六担、價值九〇、八三五、六二二銖、一九三六——三七年數量二五、九七八、四四五担、價值九五、九四四、四四四銖、一九三七——三八年數量減至一八、三七〇、三五一担、價值七五、三四二、五一二銖、茲將暹米之輸往國別及生產數量等、示表如下：

暹米主要主顧表　（數量千擔單位、價值千銖單位）

主顧名稱	一九三〇—一九三一年			一九三一—一九三二年			一九三二—一九三三年		
	數量	價值	%	數量	價值	%	數量	價值	%
香港	四、八二六	二四、三三一	二三・六一	七、六八八	二四、八〇〇	三二・〇〇	一〇、四一四	三五、六五〇	三七・八二
中國	二二〇	一、〇九五	一・〇六	三三四	一、一六一	一・五〇	一、〇一七	五、六八四	五・九一
馬來	四〇一	二、七七九	二・七〇	四三六	一、四三八	一・三六	五六七	一、七〇七	一・八一
昭南	六、六八五	四五、三五一	四四・〇〇	六、六三四	三四、六九四	三一・四八	七、一二九	二三、九一七	二五・三九
日本	一、四三三	七、一二〇	六・九一	二、五一五	七、一三〇	九・二〇	二、六〇一	八、五三四	八・八四
東印度群島	一、一一二	五、七一八	五・五五	一、八四七	六、一六三	七・九五	一、四〇五	四、八〇七	五・一〇
德國	三七三	二、二七九	二・二一	七九六	三、三六八	四・三二	一、三六一	四、〇八九	四・三四
西印度群島	一、二八〇	九、七八八	九・五〇	一、〇八五	五、一七六	六・六八	九三五	四、一五六	四・三九
荷蘭	一〇三	六〇五	〇・五九	一三三	五七五	〇・七四	五〇一	一、五七二	一・六七
印度	七〇	三六一	〇・三五	八五	二六〇	〇・三四	五九二	一、一七七	一・二五
南美聯邦	四九	三四九	〇・三四	四九	二二五	〇・二九	六二	二七八	〇・三〇
英國聯邦	三一	一七六	〇・一七	五六	一八三	〇・二四	七一	二五二	〇・二七
法國	—	—	—	—	—	—	—	—	—
葡萄牙	三八	三三三	〇・三二	—	—	—	一	四	〇・〇一
丹麥	二五	一二五	〇・一二	一四	四〇	〇・〇五	三二	一〇四	〇・一一
意大利	—	—	—	—	—	—	五	一一	〇・〇一
其他各國	四七八	二、六三五	二・五六	七三二	二、六六九	三・五八	一、三五九	四、四三五	四・六七
普塞港(定貨)(Port Said)	一	一四	〇・〇一	二	一一	〇・〇一	一一	四八	〇・〇五
總額	一七、一一二	一〇三、〇六七	100%	二一、二〇〇	七七、五〇〇	100%	二七、八六七	九四、二〇〇	100%

885

泰國米產輸往國別數量表（數量擔單位：金額銖單位）

輸往國別	一九三六——三七年 數量	一九三六——三七年 金額	一九三七——三八年 數量	一九三七——三八年 金額
香港	五、四四四、五五一	一八、六八九、四七八	四、〇八九、〇三三	一六、〇一九、五三五
中國	三二〇、九二三	一、〇二六、五六三	八二、〇二九	三四一、八八六
馬來、昭南及檳城	九、一二六、三一六	三三、二九六、〇四九	八、九七七、九八三	三六、八二三、九七二
日本	七九四、〇三一	二、四二〇、二五五	五八九、八六九	二、二四四、五一九
錫蘭及印度	一、八七七、六六七	六、四六七、〇一四	八四五、八五八	三、三〇五、四〇五
南非中非	三九〇、九一三	一、八二五、九九二	四四五、九八五	二、三〇六、六三七
古巴	三、〇〇四、八二七	一五、一〇二、五一九	八九三、七八六	四、三六七、四六六
南美	三四、六六〇	一二六、二四八	二五三、八七七	一、二七八、八三一
歐洲	二、五六八、九八一	七、七七八、三八一	一、〇四四、八九五	四、二〇〇、二五四
其他	一、三三六、二一五	五、三一八、八六九	五二三、五五七	二、二四八、七八五
總計	二四、八九九、〇八四	九二、〇五一、三六八	一七、七四六、八七二	七三、〇三七、二九一

米穀之出口數量價值表（數量千擔單位、價值千銖單位）

名稱	一九三〇—三一年 數量	一九三〇—三一年 價值	一九三〇—三一年 每擔平均價	一九三一—三二年 數量	一九三一—三二年 價值	一九三一—三二年 每擔平均價	一九三二—三三年 數量	一九三二—三三年 價值	一九三二—三三年 每擔平均價
白米	七、六五七	六〇、八四一	七·九四	九、三六〇	四三、六〇八	四·六六	一三、四三四	五一、五五一	四·一五
白碎米	七、二五四	三五、三六一	四·八九	九、五三三	二七、八三三	二·九二	一一、〇七一	三三、四六四	三·〇三
白米粉	一、四二七	一五、五五五	二·四九	一、九七二	二、四〇一	一·二三	二、四〇五	三、五四三	一·四七
出口米	四七八	三一、五九九	六六·四三	九九二	一、二〇六	三·三三	一、四八二	四、七八九	三·二三
出口碎米	九四	二五八	六·五九	一三六	三六七	二·一一	二〇〇	四三二	二·二〇
出口米粉	三二〇	三五九	一·六三	一九八	一六〇	〇·八一	一八七	一四四	〇·九一
穀	八	二一	二·七四	六	一三	二·一四	一二七	三六六	二·二四
總額	一七、一二三	一〇三、〇六七		三三、二〇〇	七七、五〇〇		二七、八六七	九四、三〇〇	

337

泰國米之生產數量及輸出額表

年度	稻生產量（擔）	米之等量（擔）	米輸出額（擔）	輸出價值（銖）
一九三三—三四年	八三、四六二、二〇五	六二、五六六、六五四	二七、七二四、六三一	八二、九六七、三三〇
一九三四—三五年	七六、六二九、七六二	五七、四七二、三二一	三三、七〇一、一二五	九八、四三七、三九七
一九三五—三六年	七八、七八三、〇四二	五九、〇八七、二八一	二五、〇二九、七六六	九〇、八三五、六二二
一九三六—三七年	五六、三三〇、九三八	四二、二四八、二〇四	二五、九七八、四四五	九五、九四四、四四四
一九三七—三八年	七五、九二八、四二五	五六、九四六、三一九	一八、三七〇、三五一	七五、三四二、五一二

（戊）貿易平衡

如下列表格所示、泰國因有大量米之出口關係、除一九二〇年外、近年來皆能維持出超餘額、當一九二〇年時、暹米收成失敗、政府當局又嚴禁暹米出口、故該年之貿易平衡轉為逆境、與前相較、反減少泰幣六九、〇〇〇、〇〇〇銖、但不久又恢復原狀、一九二九年收成不良、並未影響泰國貿易、蓋在一九三〇年時、出口減去進口、出超淨額仍達泰幣六・五百萬銖、在近數年中、仍能維持出超、平均在泰幣三五、〇〇〇、〇〇〇銖與五七、〇〇〇、〇〇〇銖之間、對泰有如此鉅額之出超、在平時乃歸功於維持金滙兌本位制之重任也、因此對負債上而言、常使泰國處於有利地位、

茲將歷年進出口之貿易平衡、列表於下：

貿易平衡表（千銖單位）

年份	貿易總額	進口總額	出口總額	進出口比率	出超數額
一九二〇—二一	二五〇、一六八	一五九、六七六	九〇、四九二	五七	六九、一八三（入超）
一九二一—二二	三二八、一六二	一四四、五四二	一八三、六二〇	一二七	三九、〇七八
一九二二—二三	三一四、七一〇	一四四、二五〇	一七〇、四五九	一一八	二六、二〇八
一九二三—二四	三五一、四一二	一四九、八六〇	二〇一、五五二	一三四	五一、六九一
一九二四—二五	三七二、四四九	一六九、三六九	二〇三、〇七九	一二〇	三三、七一〇
一九二五—二六	四二六、一〇八	一八一、三七七	二四四、七三一	一三五	六三、三五三
一九二六—二七	四三五、七八六	一九六、五二〇	二三九、二六五	一二二	四二、七四五
一九二七—二八	四七七、三四九	二〇一、〇八〇	二七六、二六九	一三七	七五、一八八
一九二八—二九	四二二、二六五	一八九、七九〇	二五二、四七四	一三三	六二、六八四
一九二九—三〇	四二六、四八五	二〇六、七一三	二一九、七七二	一〇六	一三、〇五九
一九三〇—三一	三一六、五二七	一五五、〇〇八	一六一、五一八	一〇四	六、五一〇
一九三一—三二	二三四、一一五	九九、九〇八	一三四、二〇六	一三四	三四、二九八
一九三二—三三	二四二、〇一九	八九、四九七	一五二、五二二	一七〇	六三、〇二五
一九三四—三五	二七四、三二二	一〇一、七二七	一七二、五九五	一六九	七〇、八六八
一九三五—三六	二六六、九七二	一〇八、七五四	一五八、二一八	一四五	四九、四六四
一九三六—三七	三〇四、四〇五	一一〇、〇四四	一九四、三六一	一七六	八四、三一七
一九三七—三八	二八一、三三五	一一一、八四二	一六九、四九三	一五一	五七、六五一
一九三八—三九	三三四、〇五三	一二九、六三一	二〇四、四二二	一五七	七四、七九一
五年平均數					
一九二七—三一	三七九、三四八	一七〇、五〇〇	二〇八、八四八	一二四	三八、三四八
一九二八—三二	三三二、二八二	一四八、一八三	一八四、〇九九	一二四	三五、九一五
一九三五—三九	二九二、二一七	一一二、三九九	一七九、八一七	一五九	五七、四一八

(已) 國際之償付

泰國財政部曾公佈一九三〇年至一九三八年之負債表(Balance of Indebtness)列如下表、負債表之數字、係由有形之貿易(Visible trade)及政府滙款上所採得、又以無形進口(Invisible imports)減去無形之出口而清償之、在泰所謂無形之進口、包括外商或私人在該國經商所發之潤利、滙款、保險、或運費等償付款項(除小數外)、各種私人雜項滙款(該種滙款大都爲華僑滙往家中之款也)、無形之出口、多爲外資在泰之投資滙款、泰政府又指出、每年若欲估值無形之進出口、圖得較準確之數字、實不可能之事、即以貨物估計而言、與事實亦稍有差異之處、由下表所列各數字觀之、對該國之經濟情形、亦可得其大概矣、

茲將泰國歷年負債之情形、列表於後:

泰國金銀條及硬幣輸出入數額表 (單位千銖)

年度	輸入數額	輸出數額	出超數額
一九三〇—三一	五、五四八	一、六三七	三、九一一(入超)
一九三一—三二	二、七三〇	一七、二九八	一四、五六八
一九三二—三三	一、八〇六	二三、二九三	二一、四八七
一九三三—三四	五四一	一四、二八五	一三、七四四
一九三四—三五	三七四	一、五五七	一、一八三
一九三五—三六	二〇〇	八、九〇五	八、七〇五
一九三六—三七	九五九	四、九七六	四、〇一七
一九三七—三八	六九六	三、五五六	二、八六〇

泰國國際收支數額表（單位銖）

年度	貿易出超額	政府國外支出	無形貿易支出
一九三〇—三一	一三、七三三、六六四	‥二一五、七〇二	一三、九四九、三六六
一九三一—三二	三一、一六二、六〇一	一二、二八八、一七一	一八、八七四、四三〇
一九三二—三三	六四、六八五、三一二	三六、八一一、八〇〇	二七、八七三、五一二
一九三三—三四	五五、六二八、七九九	二六、九一三、六〇〇	二八、七一五、一九九
一九三四—三五	七一、九六〇、七二八	四五、二八四、四〇〇	二六、六七六、三二八
一九三五—三六	五〇、八四七、〇四三	二四、三一〇、九二八	二六、五三六、一一五
一九三六—三七	七六、六六四、二二〇	三二、九五〇、八〇〇	四三、七一三、四二〇
一九三七—三八	五九、一三九、〇九八	一七、〇五七、五二八	四二、〇八一、五七〇
平均	五二、〇七二、二〇八	二五、五三六、〇四八	二六、五三六、一六〇

：爲收入之數額

五、與中國之貿易

（甲）貿易地位關係

泰國在華所佔國際貿易地位極低、僅佔中國貿易總額尚不及百分之一之半數、但在一九三三年至一九四一年間、各增至百分之四・五八、百分之三・六、百分之二・三、百分之二・〇、百分之一・六六、百分之二・七九、百分之一・五六、百分之二・五六、百分之二・六六、此種增進由於近年來中國直接向泰增加進口暹米所致、

在他方面而言、中國在泰國國際貿易上、反佔重要地位、例如一九三七年至一九三八年、中國佔泰國進口貿易百分之八・五、居各貿易國中之第五位、又佔泰國出口貿易百分之〇・三六、此尚不足表示中國在泰國國際貿易上之眞性、蓋因尚有大量暹米由香港輸入中國、而大部之香港數字又未列於華方、如能將此數字確實轉入華方時、在泰國之主顧中、中國恐佔其最前位、

(乙) 貿易平衡

中泰之貿易額向來極微、直至一九二二年時、始平均關銀一〇、〇〇〇、〇〇〇兩、在一九二二年後、數字突躍至關銀四三、〇〇〇、〇〇〇兩、自一八八〇年至一九二二年期間、以每年關銀五〇〇、〇〇〇兩至二、五〇〇、〇〇〇兩之數、中國常佔出超地位、自一九二二年至一九三二年、貿易平衡殊不穩定、當一九二三、一九二五、一九二六、一九二七年、反呈逆境、而其他年份則仍順利、在一九三二年至一九三四年、暹米進口劇增、為數駭人、因此中國之入超、一年竟昇至關銀二六、〇〇〇、〇〇〇兩、一九三五年至一九四〇年之中泰貿易情形、中國仍居入超之地位、每年平均入超數字為關金六、四八三、〇〇〇元、但一九四一年反為出超五、五三九、〇〇〇關金、

玆將中國與泰國之貿易數額、列表如下：

中國與泰國之貿易表　（關銀千單位，一九三五年起改爲關金千單位）

年份	進口數額	出口數額	貿易總額	出超 入超(—)
一八六八年	六一五	六九	六八四	五四六(—)
一八七八年	三一四	一九三	五〇七	一二一(—)
一八九〇年	九三	三五二	四四五	二五九
一九〇一年	一四二	八七五	一、〇一七	七三三
一九一〇年	五六九	一、八九七	二、四六六	一、三二八
一九二〇年	一七九	二、六六二	二、八四一	二、四八三
一九二五年	一〇、五五〇	四、七九八	一五、三四八	五、七五二(—)
一九二六年	一六、六〇二	七、三四一	二三、九四三	九、二六一(—)
一九二七年	八、六〇八	五、二三八	一三、八四六	三、三七〇(—)
一九二八年	六、一二八	六、六二二	一二、七五〇	四九四
一九二九年	四、一九二	五、一三六	九、三二八	九四四
一九三〇年	三、四四一	五、五五三	八、九九四	二、一一二
一九三一年	四、九五〇	五、〇三一	九、九八一	八〇
一九三二年	三九、九一八	三、八六八	四三、七八六	三六、〇四九(—)
一九三三年	三九、八三六	三、五七六	四三、四一二	三六、二六〇(—)
一九三四年	二三、五一七	三、二五五	二六、七七二	二〇、二六二(—)
一九三五年	一四、九六六	一、九五一	一六、九一七	一三、〇一五(—)
一九三六年	八、三七八	一、七九三	一〇、一七一	六、五八五(—)
一九三七年	六、九七一	一、八〇七	八、七七八	五、一六四(—)
一九三八年	一〇、九九八	二、六〇六	一三、六〇四	八、三九二(—)
一九三九年	八、五四九	四、五四五	一三、〇九四	四、〇〇四(—)
一九四〇年	一七、六八三	一五、九四七	三三、六三〇	一、七三六(—)
一九四一年（一月至十一月止）	二〇、六九四	二六、二三三	四六、九二七	五、五三九

（丙）貿易之分析

自泰進口之貨物、種類不多、米爲其中最顯著且最重要者、次爲柚木及木材、一九三三年份、米佔泰貨進口總額中百分之九三·五、一九三四年佔百分之八六·二一、一九三五年至一九四一年、每年平均爲百分之八八·四一、柚木及木材在一九三三年佔百分之六·二一、一九三四年佔百分之九·八、一九三五年至一九四一年、每年平均約佔百分之五•七九、由此觀之、在一九三三年份米與柚木兩項合佔百分之九九•七、幾佔泰貨進口貿易之總額、一九三四年時、兩項又佔總額百分之九六•六、一九三五年至一九四一年、兩項之平均約佔總額百分之九四•五一、如此情形、讀者極易記憶、泰貨進口之重要關鍵、即米與柚木是也、餘者如海產品、皮革、水菓等則不甚顯著、茲將自泰國進口各貨列表如下

中國自泰國進口之貨物表（一）（數值爲中國關金單位）

貨物名稱	一九三三年份	一九三四年份	一九三五年份	一九三六年份	一九三七年份
米	關金二九、一一〇、三九三	關金一四、六九七、六四一	關金一三、八三六、一七四	關金 六、七四三、二二九	關金 五、六七三、一九四
木料	一、一六八、八五一	八六二、八八八	八七四、一四三	六一八、〇九八	五三四、六四〇
[illegible]類	八八七、八〇三	六七六、六七四	四五四、八〇五	三三三、三七五	二五七、三九〇
魚類及海產品	三七九、〇一一	三五〇、八七一	三〇〇、四六一	二五三、六三六	一六五、一〇九
動物及其產品	二九、七八〇	三三、五九九	六〇、六〇三	六六、一四九	五四、五四〇
果類及子仁	八三、二一四	三八、五三一	五六、六六九	一九、九九二	六、一六四
藥品及香料	五三、三五七	一九、四九七	三七、五三六	一八、六七二	二六、六〇九
皮革	八三、六〇六	七〇、〇一一	一一、八八六	四、四三三	二、三三七
顏料	二〇、八〇一	一四、八〇三	二五、八六七	一一、八六四	一三、三三四
生膠、松香及油類	五、一三六	四、四九一	—	六、〇八三	三、六一七
其他物品	九九、三九三	六〇、八〇七	三二四、八八七	三〇三、七九九	二四六、一七六
共計	關金三一、九〇〇、〇一五 或國幣六二、〇六六、三三一	關金一六、七一八、八〇四 國幣三二、九三五、四三〇	關金一四、九六六、〇〇〇 國幣二七、一八七、〇〇〇	關金 八、三七八、〇〇〇 國幣一八、八六八、〇〇〇	關金 六、九七一、〇〇〇 國幣一五、八三三、〇〇〇
佔總額之百分率	四•五八%	三•六〇%	二•九七%	二•〇〇%	一•六六%

844

中國自泰國進口之貨物表（二）（數值為中國關金單位）

貨物名稱	一九三八年份	一九三九年份	一九四〇年份	一九四一年份（一月至十月止）
米	關金二〇、四三二、九八五	關金八、〇二五、三三五	關金一六、九七四、一二八	關金一六、五九四、五五五
木料	五七、一三一	九六、六八九	一四一、五九六	二九、八四三
木類	五〇、九七〇	一二四、八四〇	一四一、九二八	一五三、九五五
魚類及海產品	一八〇、一五九	七九、三〇四	一〇三、五四〇	一六七、八五一
動物及其產品	二一、三一九	二一、三三七	四三、八八六	八一、五七五
菓類及子仁	五、五九四	一、五五一	四、〇三五	二一九、六四八
藥品及香料	三一、一八六	六七、五七四	四八、九一三	六六、五六五
皮革	一、五九六	九、六三六	四八、五〇五	六四三、〇四八
顏料	七、五四八	七、一〇六	一四、二〇〇	六、九一七
樹膠、松香及油類	四、〇三〇	七、〇〇八	八、八五八	六七、八八七
其他物品	三六、九九一	一六八、一一七	一五四、八五五	二、五九八、六三一
共計	關金二〇、六六八、〇〇〇 或國幣三四、六六六、〇〇〇 佔總額之百分率 一·七九%	關金八、五五九、〇〇〇 國幣三〇、六六六、〇〇〇 一·五八%	關金一七、六八三、〇〇〇 國幣四七、八六八、〇〇〇 二·五四%	關金二〇、六九四、〇〇〇 國幣五六、〇〇〇、〇〇〇 二·五七%

（一）中國自泰之進口貨物

（1）米——自第一次歐戰後、大宗暹米始直接輸入中國、當時為數極少、且波動不一、每年自四〇〇、〇〇〇擔至二、〇〇〇、〇〇〇擔之間、一九二九年至一九三一年、約佔中國進口米之總額百分之六、自一九三一年直接進口之暹米劇增、最高時竟達七、五〇〇、〇〇〇擔、或佔中國進口米總額百分之卅五、一九三四年至一九三九年直接進口之暹米、每年平均爲二、五三五、八一六担、或佔進口米之總額、平均佔百分之四一・二八、一九四〇年進口之暹米爲一、七七九、〇二九担、佔米之進口總額百分之二七・三九、一九四一年爲一、六三八、〇九五担、佔米之進口總額百分之一九・六一、玆將暹米進口之趨勢、列表如下：

年份	暹米進口數量（擔）	百分率
一九一九年	一一、八一八	〇・六五
一九二〇年	—	—
一九二一年	五一七、四九六	四・八六
一九二二年	六一〇、一六四	三・一九
一九二三年	一、三一〇、五四七	五・八四
一九二四年	四二一、七一四	三・一九
一九二五年	一、七三三、二一一	一三・七一
一九二六年	二、六一三、八六六	一三・九六
一九二七年	一、五一〇、二二〇	七・一六
一九二八年	一、〇六一、〇七一	八・三七
一九二九年	六二一、五七九	五・七四
一九三〇年	四五一、一四五	二・二六
一九三一年	七〇四、九六三	六・五六
一九三二年	六、四三七、四二八	二八・六二
一九三三年	七、五五二、五五四	三五・二五
一九三四年	五、七一四、六八〇	四四・七七
一九三五年	三、四三〇、一二五	二六・四六
一九三六年	一、七六〇、五九四	五六・七〇
一九三七年	一、一〇一、一三二	三一・八五
一九三八年	一、八四九、五三〇	四五・四七
一九三九年	一、三五八、八三四	四二・四三
一九四〇年	一、七七九、〇二九	二七・三九
一九四一年（一月至十一月止）	一、六三八、〇九五	一九・六一

進口之暹米、大部爲白米、次爲白碎米、白米又分爲頭、二、三、等級、白米中含有碎米在百分之七十五以上者謂之白碎米、白碎米又分爲A1,C1,C3,C4,數種、暹米供給中國之重要、可由下表中視出、一九三一年在中國進口米之總額中供給百分之六・五六、佔第四位、一九三二年供給百分之二八・六三、佔第三位、一九三三年供給百分之三五・二五、佔第二位、一九三四年供給百分之四四・七、佔第一位、一九三五年至一九三九年、平均每年自泰國進口之米爲關金八、七三八、三五九元、或佔平均總額百分之三十四、一九四〇年至一九四一年每年之平均額爲關金一六、七八四、二二六元、或佔平均總額百分之一〇・一六、

中國米之進口表（一）（一九三一——一九三二年各供給國之百分率）

一九三一年份	金單位	數量（擔）	%	一九三二年金單位	數量（擔）	%
印度及緬甸	六、四五五、一九九	一、二七三、七九〇	一二・七九	二〇、八七五、五六五	七、一六八、八六二	三一・八七
越南	三、九九六、六八七	八八五、二三五	八・二四	二四、二二一、八六四	七、五七七、四六七	三三・六九
香港	三五、三〇六、七八三	六、八六五、六五九	六四・九一	五、五三五、七七〇	一、一四七、八一五	五・一〇
日本	四、二三二、〇七五	七九八、三四八	七・四五	二四八、八九五	二九、七二〇	〇・一七
高麗	二九、四三四	四、九一五	〇・〇四	四五、八七五	七、二四八	〇・〇三
泰國	三、五九四、六九四	七四〇、九六五	六・五六	二九、九六九、九四六	六、四三七、四二八	二八・六三
其他各國	五三七、六〇八	一〇八、〇〇〇	〇・〇一	五〇五、一七一	一一三、四〇八	〇・五一
共計	五四、七四一、五七〇	一〇、七四〇、八一〇	一〇〇・〇〇	一〇一、三〇三、〇八四	二三、四九二、九四九	一〇〇・〇〇

847

中國米之進口表（二）（一九三三——一九三四年各供給國之百分率）

一九三三年份	金單位	數量（擔）	%	一九三四年金單位	數量（擔）	%
印度及緬甸	一七、〇二三、七四九	四、一九八、一六八	一九・六〇	二〇、三九七、六五六	一、〇五八、〇四三	八・五一
越南	三〇、七五七、七〇三	八、五六四、三六八	四五・七一	一五、九七八、六八九	五、六四七、五四二	四四・四七
香港	六八六、三七五	一九〇、三一五	〇・八九	五一九、五〇〇	二一七、九三三	一・七一
日本	一五七、八九三	二八、九八二	〇・一四	一五、一五〇	三二、五三六	〇・二五
高麗	五九、一三四	一二、六七六	〇・〇六	一四、四一五	三、六九〇	〇・〇三
泰國	二八、三六四、八六七	七、五五三、五五四	三五・三五	一四、三〇七、四五一	五、七一〇、六七九	四四・八八
其他各國	三五六、四六三	七六、一二八	〇・三六	一九九、七九九	五二、三三七	〇・三六
共計	七七、三五三、一八〇	二一、四三三、〇九一	一〇〇・〇〇	五三、四三三、六六〇	一二、七三三、五〇八	一〇〇・〇〇

中國米之進口數值表（三）（價值關金單位：數量擔單位）

一九三五年份	價值	數量	一九三六年價值	數量	一九三七年價值	數量
印度及緬甸	八、八五三、六九二	一、九三三、七三二	一、一〇九、九五五	一九五、六三三	三、七六三、一六七	五〇一、四六五
越南	二六、八五八、六四三	七、五三八、六六七	二、六五四、四〇四	一、一五〇、九三三	七、四四九、三三五	一、八三六、八八九
香港	三七、四四四	一一、三五〇	二、六〇四	三五、八四八	一三四、九三〇	四、〇〇一
日本	九九、九六一	二五、八〇四	三五、一三九	四、四九一	一一、一五三	一、六二五
高麗	一三〇、九四一	三一、四九二	三、〇九七	一、四六八	四、九六七	三七六
泰國	三三、八六九、一七四	五、四三〇、一三六	六、七四三、二二九	一、七七〇、五九四	八、六七三、一九四	一、一〇一、一三三
其他各國	一〇一、〇九七	一五、三四五	四三、九七三	六、七七四	六〇、五九七	一一、四七七
共計	六〇、九〇九、九五二	一二、九六四、四八一	一一、八六六、九八〇	三、一〇二、四八五	一七、九八五、三三一	三、四五七、三三一

中國米之進口數值表（四）（價值關金單位：數量擔單位）

年份	一九三八 價值	一九三八 數量	一九三九年 價值	一九三九年 數量	一九四〇年 價值	一九四〇年 數量	一九四一年（一月至十月止）價值	一九四一年（一月至十月止）數量
印度及緬甸	四、三五六、七二二	七五三、七七九	一、〇九一、三六六	一六六、五八八	二、八四四、四五四	四五八、一九六	三〇、五六九、〇五〇	二、八五〇、六六七
越南	六、三五〇、八二一	一、〇四四、三五三	六、二七六、八四七	九七五、三四八	三八、六六九、七八三	三、八九二、三三七	四三、八四〇、四九九	三、三二一、九四〇
香港	六九六、二三三	二一〇、六七四	四三五、二九三	六七、三九四	三八一、四六四	三五五、八九三	二三三四、七八四	一六、六二一
日本	一、三六九、三四一	一七五、一五五	九二一、六三七	八三、〇一八	三、一七〇、二五一	二七三、八〇一	四、八四一、一五五	二九二、一一三
高麗	九九四、三五五	八九、八八三	五、三三二、四〇〇	四九六、九七七	七七一、五三三	六三、四七二	四、〇五五、一〇八	一七四、九八五
泰國	一〇、四二一、九八五	一、八四九、五五〇	八、〇一五、二三三	一、三五八、八三四	一六、九七四、二一八	一、七七九、〇二九	一六、五九四、三五五	一、六五八、〇九五
其他各國	四七二、九二三	五九、一七七	四七三、一九三	五三、九四八	四六三、六三六	一三、五四三	一、九三一、八四四	一五九、三四四
共計	二四、八四二、三五六	四、〇六一、三三一	二三、五三五、九五八	三、二〇三、二〇七	六三、二七四、二二八	六、四九五、二六九	一〇三、〇六六、七七五	八、三五三、七五四

（2）柚木——稠密森林叢生於泰國北部、該處專長柚木樹、爲世界產柚最大產國、在植林所見之柚樹周圍十九吋、十五年內可長高至六十呎、在天然林內、間有一二百年之老樹、周圍約二十四吋、森林乃歸英國保管人所有、伐木工作則歸泰政府所特許開辦之六大木行承擔之、其中四行爲中英合資組織、一屬法國、一屬丹麥、柚木質地堅硬、不曲不裂、其色淺黃而帶紅、不患水損、蟲蛀、爲製上等傢具之名貴材料、此種木材、叢生於泰國、東印度羣島、緬甸、越南、及馬來等地、中國採用柚木頗少、經泰國所供給者、佔進口總額百分之七十、一九三二年中國進口之柚木、價值金單位二、三〇〇、〇〇〇元、內中九六〇、〇〇〇元、或百分之七十五、係進自泰國、在一九三三年、中國自泰

349

進口之柚木達一四、〇七五立方米達、值金單位九〇九、四五八元或佔總額一六・八八八立方米達、價值金單位一、一四三、七七三元或佔百分之八十、一九三四年仍能維持此額、進口之柚木達九、六七四立方米達、價值金單位五九九、六六一元、或佔柚木進口總值金單位七七二、六六〇元或佔百分之八十、茲將一九三五年至一九四一年柚木進口情形、列表於下：

中國柚木之進口數值表　（價值關金單位：數量立方公尺單位）

國別	一九三五年 價值	一九三五年 數量	一九三六年 價值	一九三六年 數量	一九三七年 價值	一九三七年 數量	一九三八年 價值	一九三八年 數量	一九三九年 價值	一九三九年 數量	一九四〇年 價值	一九四〇年 數量	一九四一年（十月止） 價值	一九四一年（十月止） 數量
泰國	四五五、六四六	八、一六四	四一七、〇四三	七、九〇五	三五一、八五七	四、八六四	三三、六〇九	四七六	六七、二〇五	一、五九六	二三三、六九四	三、九四四	三〇〇、二五八	四、一二四
越南	五、九四五	八六	二、〇六二	二五	一、五九一	一七	六九	一	—	—	—	—	—	—
北婆羅洲	三六〇	二三	一九、一七三	二五六	三	—	二、四二〇	四五	—	—	—	—	—	—
昭南等處	五九、八八五	九三五	七、〇〇三	一八〇	九三六	一〇	六五九	一一	四九〇	九	—	—	六七	二
其他各國	四四、二三八	五三一	八、三二六	八六	七、六七二	一三三	七六四	一三	三、八二〇	三六	七、六三四	一一三	九、〇七六	一五九
共計	五六五、九七四	八、七一七	四五三、四九八	八、四五〇	三四三、〇七七	五、〇二五	三六、七一二	五四五	七一、四一五	一、六四一	二四〇、三三八	四、〇五七	三〇九、四〇一	四、二八七

（戊）中國輸泰之出口貨物

中國輸泰貨物頗多、但其累積之價值極少、每年數額約關金單位三、〇〇〇、〇〇〇元至五、〇〇〇、〇〇〇元、或佔中國出口總額百分之一弱、自華輸泰之重要出口爲棉紗、棉織品、蔬菜、水菓及紙張、此種貨物、在泰之進口中、居重要地位者毫無、當一九三三年僅有數種出口貨物、稍加增進、而一九三四年時、各出口貨物、均見降落、一九三五年至一九三八年、中國輸泰貨物之數值、仍屬平平、但一九三九年之數值、頗見增加、而一九四〇及一九四一年之數值更見劇增、從下表所列各種貨物之性質觀之、凡輸泰之出口貨物、皆係迎合該地華僑之需要者也、以多數愛國華僑及地理上之接近等關係觀之、在泰推廣中國貿易有極大之可能性、事實雖如此、然貿易仍穩跌不息、推其主因係中國缺少迎合泰國需要之貨品也、若欲推進輸泰之出口業、並在泰佘得立足地點、中國須先減低成本俾與其他國競爭、倘彼此成本之差別無甚上下時、中國貨在泰定能得到優越地位、尤以該處之華僑爲最歡迎、

各項出口貨物如加以分析、則製造品以百分之五九・五佔最要之地位、次爲食料飲料及菸草、列之表按總值之百分率、示及一九三三年份中泰貿易之分析情形：

名稱	由泰進口之百分率	輸泰出口之百分率
食料、飲料	九五・五	二四・三
原料、半製品	三・一	六・七
製造品	〇・一	五九・五
其他物品	一・三	九・五
	一〇〇・〇%	一〇〇・〇%

351

（1）棉紗——棉紗在上述表內、係列於製造品中、佔輸泰出口貨中之首位、泰國之紡織工業、發軔於一九一八年、開辦迄今、年數不多、生產額亦少、每年所需進自國外之棉紗、總值泰幣約三、〇〇〇、〇〇〇銖、此種貨物大部由印度、大不列顛、中國、香港等處進口、中國棉紗約佔泰國每年平均進口額百分之二十、

（2）疋頭貨——自中國出口之疋頭貨、包括細布蔴布土布斜紋布細斜紋布綢緞、其中以綢緞細布斜紋布等較爲重要、每項數額每年波動頗大、由此觀之、中國之疋頭貨在泰國市場上、並未堅定、殊爲顯然之事實也、

中國輸往泰國之出口貨物價值表（一）（國幣單位）

貨物名稱	一九三三年份	一九三四年份	一九三五年份	一九三六年份	一九三七年份
紗、線	國幣一、四七九、九四三	國幣九四八、五六五	國幣六二〇、六九四	國幣八二四、九五三	國幣四一八、六一一
疋頭（棉及絲）	八七四、五五一	七二三、一一八	二五九、七七一	五〇、七七九	三八、九〇七
紡織纖維	一〇五、五四四	六〇、一五九	三一、二八八	七五、九五三	五八、三七四
紡織產品	二五八、八九六	二一七、九七九	二四八、五五五	三〇九、八四六	二三八、〇〇三
植物及其產品	八〇一、八四一	五八六、三七六	九六、〇九〇	一六六、七六八	二六七、六六七
菓類	三七九、一九七	二九一、三一二	二五五、八七五	三五九、四三四	三三九、七八五
雜糧	七九、五〇三	六一、八三九	七二、二七一	二一五、八六七	七五、一一九
豆類	一〇四、一五五	四七、七〇三	五、〇四七	四、九八六	二、六七三
子仁	三三、七五六	一八、七五一	三〇、六六四	三〇、八三三	四二、三三三
茶葉	一五、三四一	二五三、二七三	六一、二五八	二〇、一八七	五二、一一五
烟葉	三四、八〇三	三五、五四六	—	六六、一六九	四五、四八五
魚及海產品	三五、三二四	二六、六四六	二六、四八七	五五、〇七七	八三、〇四四
動物及其產品	四四、八五〇	二九、一〇八	二八、五九八	二六、五四六	二二、五三四
酒類	六三、〇八〇	六四、八八一	一六五、二六二	一八七、三三二	三三七、三三六
瓷品	五三、四九八	五〇、一一六	四九、六八五	五五、三八七	五七、九六九
竹器	三九、一〇九	一九六、九八一	一四九、九五九	一八二、〇八五	一七四、四三三
紙張	二二三、五七四	一九一、八九八	一三〇、八二八	一九九、七一七	二六八、四四三
印刷品	三五、七四〇	二九、六四三	七五、六三三	五一、八一〇	三一、一八四
金屬及其產品	七三、〇九九	五八、四六六	六八、三四七	一六七、六六六	三三〇、三八六
磁器	三〇五、一六六	一六〇、九九七	一四二、〇三八	一四八、三〇八	一六四、六一〇
化學品	二五、〇九〇	二四、五五七	二六、四二一	二五、五〇〇	四九、三三八
其他	六一一、三二三	七五三、四六四	一、〇八一、二六九	一、〇〇七、五八九	一、三〇七、〇八五
共計國幣或關金	國幣五、八七九、八五三 二、九七〇、四六三	國幣四、五五六、六九七 關金二、三二七、八八四	國幣三、六〇六、〇〇〇 關金一、九五一、〇〇〇	國幣四、〇五一、〇〇〇 關金一、七九九、〇〇〇	國幣四、二一一、〇〇〇 關金一、八〇七、〇〇〇
佔出口總額之百分率	〇・九五%	〇・八五%	〇・六五%	〇・五七%	〇・四九%

353

中國輸往泰國之出口貨物價值表（二）（國幣單位）

貨物名稱	一九三八年份	一九三九年份	一九四〇年份	一九四一年份（一月至十月止）
	國幣	國幣	國幣	國幣
紗、線	四一九、七八七	一、六六一、四五三	六、七七七、八八〇	一二、三二七、三五七
疋頭（棉及絲）	四四五、二三六	三、四四七、六一九	九、七六三、一九八	一八、八七七、三四六
紡織纖維	五六、六六〇	一二九、八〇二	六九五、一二三	四三九、五七七
紡織產品	六〇〇、五七三	一、九七〇、一五五	七、〇一五、三七一	八、九〇四、四九六
植物及其產品	二七八、三〇四	四一三、七六七	三一六、八四四	一、〇七〇、三二四
菓類	四三一、四六六	五九五、〇八九	一九、四三〇	八〇、五六六
雜糧	五三、〇九五	五八、九四二	三四、七〇九	一七三、三七六
豆類	—	五五	一七、二九六	一四〇、五〇七
子仁	三七、〇一〇	二五、六三一	一、九七三	三一、九四三
茶	一六九、五八一	一六、九五四	六四、三六五	八〇、〇七〇
烟葉	五四	四、七〇五	—	—
魚及海產品	一四七、二〇〇	六四、四三〇	四、六二〇	四九、六三四
動物及其產品	一八、五一七	二一、八三四	五九、七九三	一五四、〇五〇
酒類	二四一、六九〇	一七八、六二〇	五二〇、〇〇七	一、〇五九、六二六
藥品	五一、三三五	五三、五四二	一四六、六五一	三一七、三三三
竹器	二四八、二六四	一五二、四〇四	一〇、〇二一	三八、七四二
紙張	四八一、五八五	五二五、四九三	六二一、一六七	一、二五九、九二一
印刷品	六三、九二〇	六九、三三六	一三二、〇五五	四〇五、六〇三
金屬及其產品	二六一、九七六	一、〇四八、〇四九	七、四八一、四四四	一〇、七五六、六七〇
磁器	四三七、三九〇	四八四、八六〇	一、〇六五、三二九	一、七一二、〇八二
化學品	四一、一八八	一八八、八八七	八六五、二八八	一、七〇三、九八一
其他	一、五五七、五八二	二、八七三、九一五	七、五五九、四五七	二、六五三、五〇八
共計 國幣	六、〇二九、〇〇〇	二一、五八三、〇〇〇	四三、一七〇、〇〇〇	七一、〇二三、〇〇〇
或關金	三、六〇六、〇〇〇	四、五四五、〇〇〇	一五、九四七、〇〇〇	三六、三三三、〇〇〇
佔出口總額之百分率	〇・七九%	一・一二%	二・八%	二・七四%

六、在泰華人之重要

（甲）人數之實力

在泰華人之數額常爲爭辯之主題、按泰國官方之統計數祇認五〇〇、〇〇〇人弱、而他方之統計數則高至三、五〇〇、〇〇〇人、最普通之承認數、約二、五〇〇、〇〇〇人、佔泰國人口全額約四分之一、

此種不可決定之數字、由於早年混雜婚姻之結果、及個人裁定國籍之觀念不同所致、中泰雙方對於華人與泰國土人通婚所生之子媳、均各有所主張、福建人昔在泰幾有壟斷貿易之舉、但目下却被多半之汕頭人壟斷之、

（乙）華人之情形

回溯中泰之關係開始於上古時代、據C. Yerini君所考、此兩民族本屬同一根源、昔日之泰國、華人稱之爲赤土、華人最先進入泰境時、係由陸路、後改由水路、當明朝時、泰國始正式指派使節來華、同時歲歲進貢、而中國得以君主封建藩主之觀念待之、故兩國間之政治關係、實過於商業也、

華人移居泰國之起始、可云極早、始於何時則不甚明瞭、事實上、在明朝巳有多數華人移居泰國、迄今此數仍在增進中、此輩中國殖民、頗受土人之尊敬、彼此之間時有通婚之舉、因此中國之血液傳於泰人血脈之中、迄今多數高級長官亦自認有中國血統關係、在曼谷有百分之六十至七十之高級長官均係華人後裔、

華人在泰之經濟活動上、亦佔重要部份、歐人雖掌最高財政、但大部之工商業、悉由華人組成之

、輾米廠爲泰國最大實業、屬華人創辦所有者、佔百分之八十至九十、泰國大輾米廠共有六十六家、其中五十六家或百分之八十五屬於華人、在曼谷附近之輾米廠、幾無一廠非華人所有、

在曼谷城外之三平（Sampeng）爲泰京華人社會之中心地、商肆如鱗、極爲繁盛、從經商精神上、即可察出該兩民族之異點矣、在華人方面則生氣勃勃、商業興旺、其他部份則呈蕭條之徵、再從其他實業上觀之、亦可察見其不同之點、魚爲泰人重要食物、僅次於米糧、然泰之漁業、百分之九十乃操於華人之手、

近來泰人受國家主義之鼓動、猛醒前非、穫起開設商店、勢如雨後春筍、爲數頗多、此種國家主義精神、由於新政府之堅決政策所致、泰政府因受英人、華人、丹人在曼谷經營之電力公司、電車公司、最大之木材公司及其他公用事業之支配、感覺痛苦異常、決定非將此等外國之統治、政治、財政、經濟等權、解除不可、如此一方抑制英人勢力、他方又奪取華人在泰特殊之地位、

對於華人方面、又厲行各種嚴肅政策、其中較要者爲以下數點：（一）誕生入籍、（二）實行迫受泰國教育、（三）實行嚴厲移民法、照現行法規定、凡子孫在泰國者、不管其父母關係、在泰法之下概爲泰國公民、教育法又規定各校須以泰文爲主、教員須以精通泰文泰語者、方合教授資格、此法實行後對華僑之教育、頗受嚴厲限制、列如中文每星期授課祇四小時、而其餘二十一小時悉爲泰文、又有多半之華人學校、曾經被迫關閉、

（丙）移　民

在先、移居泰國或自泰國移出、祇須付以泰幣二十銖之課稅、本極自由、自一九三三年新移民法

實行後、對居留權之課稅自泰幣三十銖增爲一〇〇銖、對博學之士同時又頒佈新敎育法、限制智識份子之移入、自該法實行以來、頗有功效、每月自數千移民減至數百、在此敎育法之外、又附帶其他手續、實際上又限華婦入境、對漁業援用百分之五十之勞工法、即驅逐華工離泰勞工市場之企圖也、關此勞工法、乃因對泰有利而定者、亦即減低華工入境之工具也、據華方記錄、在一九三三年華人入境總額二九、二五七人、離泰者二八、六〇一人、一九三四年離泰者二〇、一四七人、至泰者一九、四七九人、玆將中國海關記錄、表示如下：

	一九三三年份	一九三四年份
由汕頭至曼谷	二二、六一〇人	一四、四三九人
由瓊州至曼谷	六、六四七人	五、〇四〇人
離華總數	二九、二五七人	一九、四七九人
由曼谷至汕頭	二四、二〇三人	一六、四六七人
由曼谷至瓊州	四、三九八人	三、六八〇人
返華總數	二八、六〇一人	二〇、一四七人

一九三三年份離華之超出額爲　六五六人
一九三四年份返華之超出額爲　六六八人

（丁）滙　兌

由泰滙往汕頭之滙欵、一九三〇年爲三三、〇〇〇、〇〇〇元、迨一九三四年降至八、〇〇〇、〇〇〇元、此即華人在泰事業繼續趨衰之表示也、此種私人滙欵乃係華人滙回家中者、尤以生意好時爲最多、但對泰無形之主要進口貨物、則無從估値、若欲得準確之估計、殊不可能耳、茲將將華人在泰之財政概況列表如下：

由泰國滙往汕頭之歷年滙欵表

一九三〇年份	三三、二〇〇、〇〇〇・〇〇元
一九三一年份	一九、九〇〇、〇〇〇・〇〇元
一九三二年份	一六、八〇〇、〇〇〇・〇〇元
一九三三年份	一四、八〇〇、〇〇〇・〇〇元
一九三四年份	七、八〇〇、〇〇〇・〇〇元

此種降低數字、爲華人目下在泰生存情形極好之反映也、按泰人生活、乃無次序之生活、凡商業、財富、實業等、聽其流入華人掌中、但泰人並非以優等國之待遇對待華人、華人在泰缺少外交代表、因之在經濟不景氣上、法律地位上、所受損失甚大、若中泰間苟能簽訂新商約、則兩國民間亦得較佳之關係矣、

第七章　緬甸

一、位置與面積

緬甸位於北緯九度五八分至二八度三十分、與東經九二度一一分至一〇一度一九分之間、其最長之長度爲一千二百哩、最闊之闊度爲五百七十五哩、總面積爲二六一、八三九平方哩、廣闊超過法德兩國及印度之任何一省、本部（Burma Proper）佔一六四、四一一方哩、撣部（Shans States）佔五四、七二八方哩、親山（Chin Hills）佔一一、七〇〇方哩、未經營之區域約佔三一、七〇〇方哩、東部與越南毘連、東北部與雲南西康兩省相連、西北部接連印度本部、西南部爲孟加爾灣、南部爲馬直萬海灣（Gulf of Martaban）、東南則與泰國相連、

二、人口

按緬甸境內之戶口、每隔十年調查一次、據一九二一年調查所得、全緬甸之人口爲一三、二一二、一九二人、又據一九三一年之調查人口總額、則爲一四、六六七、一四六人、其中緬甸族佔九、〇九二、二一四人、撣族（Shans）佔一、三六七、六七三人、吉人族（Karens）佔一、五三、三四五人、加親族（Kachins）佔三四八、九九四人、親族（Chins）佔三四八、九九四人、亞拉幹族（Arakans）佔三三六、七二八人、直來族（Talaings）及巴隆族（Palaungs）佔一三八、七三九人、此外西洋人及歐亞混種人佔三〇、四四一人、印緬混種人佔一八二、一六六人、華人佔一九三、五九四人、印

度人佔一、四一七、八二五人、日人約佔六七百人（戰後有劇增之勢）

三、簡　史

緬甸與中國交通最早、自元朝至清朝中葉時皆爲中國之藩屬、朝貢不絕、據中國史書所載、緬甸早在漢時即通中國、彼時緬甸稱爲撣國、於漢朝永元五年（即公元九十三年）曾貢珍寶、自此以後、時來朝貢、元帝忽必烈屢征緬甸、緬王終受元册封、明代更置宣慰司、清乾隆時緬人侵雲南邊境、但終被中國征服、仍朝貢不絕、迨一八八五年緬甸爲英滅亡後、清政府曾向英國提出抗議、英允代緬甸進貢、但終未實行、中緬之關係、自此始即斷絕、

英國佔緬甸後、因中緬邊界問題、中英之間常起交涉、八莫以北和撣部一帶本屬中國、於一八九四年（清光緒二十年）劃歸英領、一九〇〇年又查勘英緬境界、決以尖高山爲界、無形之中又失去滇邊一千七八百方哩、但尖高山以北、爲中英未定界線、片馬及江心坡則仍屬中國、

四、產業及貿易

（甲）農　業

查緬甸乃世界有數產米國之一、出口之米大都由仰光輸出、故又謂之仰光米、居民務農者約佔三分之一、農產物即以米爲大宗、次爲小麥、豆類、黍、粟、玉蜀黍、棉、烟草、胡蔴、花生、番椒、甘蔗、果實等類、均有出產、土地甚爲肥沃、未開墾之可耕地尚多、但其耕種方法與技術之應用、均係舊式、目下緬當局正在設立農業學校及試驗場、或從事灌溉工事、努力改善、以資增加生產、茲將緬甸之各項農業產物列表如左：

一九三八——三九年推定穀米收成表（一）　單位百英畝　據緬甸貿易月報

地域	一九三八—三九年之估計種稻面積	一九三七—三八年之估計種稻面積	一九三七—三八年之實在種稻面積	每英畝之正常產量（單位磅）
若開	六九八·五	六九六·七	六九八·二	一、五五〇
亞拉幹山地	一〇·三	一〇·六	一〇·三	一、三〇〇
叫漂	一八八·四	一八九·七	一八六·〇	一、三五〇
仙道衛	九四·〇	九四·七	九四·六	一、三〇〇
仰光	二·九	二·九	二·九	一、五〇〇
勃臥	一、〇三八·五	一、〇二四·五	一、〇二七·七	一、六五〇
礁耶瓦利	五九七·七	五九二·二	五九五·〇	一、七〇〇
阜沙于利	八二七·七	八三〇·七	八三二·一	一、六五〇
永勝	五五五·九	五四九·七	五五九·四	一、五〇〇
卑謬	三八一·六	三八一·三	三八二·六	一、二五〇
勃生	八七九·八	八六一·三	八九八·五	一、五五〇
興實塔	五八八·一	五八〇·八	五八八·五	一、六五〇
渺名	九二九·二	九一七·四	九二七·一	一、七〇〇
毛於箆	五一五·九	五一二·六	五二二·二	一、六〇〇
蟚磅	七二八·八	七二七·一	七二八·八	一、七〇〇
山倫	二五·五	二五·三	二五·五	一、三〇〇
直通	六八八·二	六六九·九	六八二·五	一、三〇〇
石門	五一四·七	五〇六·二	五一二·四	一、三〇〇
七瓦	一一四·五	一一四·五	一一四·八	一、三〇〇

一九三八——三九年推定穀米收成表（二）　單位百英畝　據緬甸貿易月報

地域	一九三八—三九年之估計種稻面積	一九三七—三八年之估計種稻面積	一九三七—三八年之實在種稻面積	每英畝之正常產量（單位磅）
丹姥	八八·〇	八八·一	八九·九	一、二五〇
東瓜	四七一·三	四六〇·〇	四七〇·七	一、四〇〇
下緬甸計	九、九三九·五	九、八三六·二	九、九四九·七	—
第悅謬	九四·五	一〇五·三	一〇八·〇	一、一五〇
敏巫	一四七·三	一四七·八	一五五·三	一、六〇〇
吻外	六七·五	一一九·四	一三六·二	一、〇〇〇
木谷具	一〇四·九	九九·四	一〇七·〇	一、〇〇〇
瓦城	一二四·〇	一二二·七	一二四·〇	一、五〇〇
叫棲	一三九·五	一三六·二	一三八·四	一、四五〇
脈鐵[illegible]	一二〇·六	一二三·六	一四五·二	一、一〇〇
敏律	四五·一	四三·〇	五四·二	一、〇〇〇
仁尾申	二六三·二	二六九·五	二九六·五	一、二五〇
八莫	四一·四	三五·二	四一·四	一、三〇〇
脈支那	一〇六·〇	一〇二·一	一〇五·六	一、四五〇
	二四·〇	二四·一	二四·〇	一、三〇〇
瑞幀	六三四·〇	六一四·二	六二五·六	一、二五〇
實皆	六七·七	六三·八	六八·八	一、〇〇〇
開泰	二〇六·二	二〇八·九	二〇八·七	一、四〇〇
上親敦	一二四·九	一一五·〇	一二二·二	一、三〇〇
下親敦	九八·一	八四·五	九七·八	一、〇〇〇
親山	一四·九	一四·〇	一四·〇	一、三〇〇
北撣部	一六〇·〇	一六〇·〇	一六〇·〇	一、三〇〇
南撣部	二五〇·〇	二五〇·〇	二五〇·〇	一、三〇〇
青人莿	一二·〇	一二·〇	一二·〇	一、三〇〇
上緬甸計	二、八四六·一	二、八五〇·七	二·九九四·九	—
總計	一二、七八五·六	一二、六八六·九	一二、九四四·六	—

註：爲[illegible]斗之數字

一九三八——三九年推定棉花收成表　單位英畝（據緬甸貿易月報）

地域	一九三八—三九年之估計種棉面積	一九三七—三八年之估計種棉面積	一九三七—三八年之實在種棉面積	每英畝正常產量（磅）	一九三八—三九年估計出品（噸）
若開	一、〇〇〇	七〇〇	九九一	九五	四二
亞拉幹山地	一〇〇	一〇〇	一〇〇	九五	四
仙道衞	一〇〇	一〇〇	五一	九五	四
卑謬	二、七〇〇	三、二〇〇	二、七二六	九五	一一三
第悅謬	六〇、一〇〇	六七、三〇〇	六三、八四七	九五	二、二一三
般巫	一二、二〇〇	一、四〇〇	二、二三〇	九五	九二
吻外	一、〇〇〇	一一、五〇〇	一一、八八一	九五	二六六
木谷具	六、三〇〇	七、二〇〇	六、三四二	九五	二六五
瓦城	九〇〇	三〇〇	九一二	九五	三八
叫樓	一二、六〇〇	一、一〇〇	一二、五九四	一一〇	六一七
脈鐵勝	七六、五〇〇	八一、九〇〇	八五、八五八	九五	一、六〇四
敏建	七一、九〇〇	七九、四〇〇	八〇、八七〇	一〇五	二、四七七
仁港申	一〇、七〇〇	八、五〇〇	八〇、七〇七	九五	四四九
沙幗	一〇、六〇〇	一〇、七〇〇	一〇、五七五	九五	四四五
實皆	一七六、七〇〇	一七六、七〇〇	四八五、〇〇四	一一〇	六、一三七
上親敦	—	—	三五	九五	—
下親敦	六九、八〇〇	八〇、八〇〇	八五、〇四九	一一〇	二、〇〇五
北撣部	五〇〇	五〇〇	五〇〇	九五	二一
南撣部	二、五〇〇	二、五〇〇	二、五〇〇	九五	一〇五
其他	—	—	七四	—	—
總計	五一六、二〇〇	五四三、八〇〇	五六二、八四六	—	—

（乙）林業

緬甸之森林極多、故林業亦爲緬甸主要產業之一、據一九三一年之統計、緬甸之森林面積共有一

四七、〇四三方哩、以柚木之出產佔第一位、在一九三一年約產三十四萬餘噸、樹膠種植年來亦極盛行、當局極力推廣發展之、此外尚有其他油漆燃燒等木料年產亦豐、查緬甸全境之樹木種植數約二千餘種、

一九三六——三七年林木產額表　（單位噸）

經理處	柚木	柚木以外之木材	燃料
政府領	三一、〇〇五	八、二五二	六、一七二
租借者	三四五、七九三	三六、六二二	二〇四
牌照者	五、三二四	四一八、三七〇	一、一五二、八七三
總計	四二九、九一二	四六三、二四四	一、一五九、二四九

一九三六——三七年林產輸出表

貨名	數量（單位噸）	價值（單位盧比）
柚木	二三八、九七五	三四、一四六、六三一
柚木栓	四、〇六三	五九一、四〇五
柚木枕木	二四三、三四六	三四、七七八、三七二
別種木材	四一、〇一九	二、九九七、二八五
枕木	三三三、四七一	四二、四三三、一六七

（丙）鑛業

查緬甸之鑛產極爲豐富、重要者爲土瓦（Tavoy）區內所產之錫與鎢、北撣部所產之銀與錫、其

他鑛產則有金銅寶石硬玉琥珀、大都爲世界著名之貴重鑛產、

歷年緬甸各種鑛物出產數額表

鑛產名	單位	一九三四年產額	一九三五年產額	一九三六年產額	一九三七年產額
琥珀	嘰	三·七〇	一八·五七	三二·三五	二八·七三
黃金	盎斯	八八九·八六	一、四八二·五九	一、四三九·四五	一、〇〇四、二四七
翡翠	嘰	二、〇九四	一、二六五	一、六七一	二、九五一·七七
紅玉	開	三、六三三	一〇五、四八四	一四一、三九〇	一五七、三〇八·五一
藍玉	開	一八八	二、四三一	一〇〇	四、三九一·八〇
白銀	盎斯	五、七九二、〇一九	五、二七九、〇一九	五、九三二、〇〇〇	六、一八〇、〇〇〇
銻	噸	—	三四	一〇九	六七·三〇
建築鑛石	噸	二、一九五、三七三	一、五五三、〇三〇	一、九三三、〇三三	三、一二六、五八七
陶土	噸	一三、三三三	二六、一六四	二〇、三五五	一八、〇九二
銅鑛	噸	一一、〇〇〇	八、九五〇	七、五〇〇	七、七五三·三五
鐵鑛	噸	三三、九五〇	三三、〇八五	二六、三一六	二五、四三六
鉛及鉛鑛	噸	七一、八七五	七三、〇六〇	七三、一五五	七七、六六八·二五
鎳砒渣	噸	五、九五一	四、八五〇	四、三三五	四、〇三〇
石油	加倫	二五四、七六〇、〇七〇	二五一、三三八、九七四	二六五、五七〇、一二〇	二七四、六六四、三六五
皂沙	噸	六、一七三	九、五三五	一五、〇一五	九、二〇〇
精錫	噸	三、一五七	四、二六七·九八	四、六八九·四五	四、七一〇·七四
精鋅	噸	六八、八〇八	七八、五九〇	六七、八〇七	七三、五五二
鎢鑛	噸	一、三四五·九九	二、五五二	三、一二五·二〇	三、三四八·三五
混合錫與鎢華鑛	噸	四、一八九·五一	四、九八八·七三	四、八五一	五、〇三〇
鉍鑛	噸	—	·〇九	一	·二二
天然瓦斯之石油	加倫	八、八五三、四八六	九、三〇九、〇八三	八、六三四、五四七	一〇、六一六、三一三
方鉛鑛	噸	—	—	—	九八·五〇
輝鉬鑛	嘰	—	—	—	·七二

（丁）工業

緬甸之工業尚在萌芽時代、全境共有各種大小工場一千餘所、爲數極少、其中米廠佔四百八十餘

所、紡廠佔一百五十餘所、規模均頗宏大、共有工人約二百萬人左右、

舊式之手工業產品則有手織絲布、漆器、金銀器、青銅器、象牙彫刻、竹器等、貿易數額逐年均有增進之趨勢、

（戊）進出口業

緬甸之主要進出口物品、按其重要次序、排列如下、輸出品爲米、木材、豆類、棉花、鉛、皮革、樹膠、寶石等、輸入品爲機器、絲布、棉布、毛織品、煉乳、酒、鐵、鹽、糖、烟草等、貿易數額在仰光進出者、佔十分之八以上、英國爲其主要之貿易國、玆將中國與緬甸歷年進出口貿易總值、列表於下：（國幣千單位）

年份	中國進口總額	中國出口總額	緬甸所佔部份		入超或出超
			進口	出口	
一九三七年	九五六、三三四	八三八、七七〇	八、二二〇	四、五〇三	入超 三、七一七
一九三八年	八九三、五〇〇	七六三、七三一	一二、八〇一	四、六六一	入超 八、一四〇
一九三九年	一、三四三、〇一八	一、〇三〇、三五九	六、四六六	五、六二九	入超 八三七
一九四〇年	二、〇四四、三六五	一、九七六、〇七一	一三、二六七	一九、一二五	出超 五、八五八
一九四一年（一月至十月止）	二、一八二、一八〇	二、五八六、八〇九	一〇一、六六二	三三、八六六	入超六七、七九六

第八章　北婆羅洲

一、位置與面積

北婆羅洲（North Borneo）位於世界第三大島婆羅洲之北部、自北緯四——八度東經一一五——一二〇度、總面積爲七六、四〇三平方千米、或等於二九、五〇〇平方哩、約抵我國浙江省面積百分之七五、與英屬愛爾蘭之面積略同、西臨中國海、東臨蘇祿海及西里伯海、南與南婆羅洲毘連、西南與汶來及砂𦄧越爲鄰、

二、人　口

據一九三一年第五次之人口調查表所載（每十年調查一次）婆羅洲土人人口、佔人口總額百分之七一、其中以杜孫族（Dusuns）、木如族及巴猺族（Bajaus）三種族佔最多數、屬於杜孫族者有布爾杜比族（Buldupi）、雙溪族（Orang Sungei）、淡汶淮族（Tambunwas）、貫猺族（Kwijau）及伊打罕族（Idahans）、屬於木如族者包括巴如安族（Pe'uans）、帝問貢族（Timoguns）、登加拉族（Tengara）及他牙爾族（Tagals）、屬於巴猺族者包括陸上巴猺族海上巴猺族及伊蘭奴族（Illanuus）此外汶來族（Brunei）包括米塞亞族、克打洋族（Kedayans）及都通族（Tutongs）、蘇祿族（Sulus）包括梯當族（Tidongs）等、玆將各屬調查結果列表如左：

367

人口調查表　（據北婆羅洲人口調查報告）

年次	總人口	男	女	較前次增	每方哩人數
一九一一	二〇八、一八三	一一四、九一五	九三、二六九	九九・一	七・一
一九二一	二五七、八〇四	一四〇、八〇八	一一六、九九六	二三・八	八・八
一九三一	二七〇、二二三	一四三、三九九	一二六、八二四	四・八	九・九

三、簡　史

婆羅洲之發見時期、衆說紛紛、莫衷一是、有謂發見者爲西班牙人、有謂係葡萄牙人、查考中國古書、汶來之名早已有之、華人之來婆羅洲者、當在歐人之前、故婆羅洲之發見當屬華人無疑也、

自十八世紀至十九世紀中葉時、婆羅洲鄰近之蘇祿羣島土人、以海爲家、騷擾附近各島、婆羅洲遂成爲海盜世界、巴蘭板干（Balambangan）之東印度公司辦事處亦受其侵襲而放棄經營、迨十九世紀末葉時、英人始向遠東殖民頗注意、北婆羅洲由物洛克(James Brooks)及柯威(W.C.Cowie)等極力肅淸海盜、貢獻最大、得到相當之成功、至一八九〇年——一九〇五年、十五年間、王家殖民地之納閩島歸北婆羅洲統治、一九〇六年英政府以直接統治認爲適宜、乃改歸海峽殖民地政府統治之、

四、產業及貿易

（甲）農　業

農業爲北婆羅最重要之物產、農產中產額最多者、首推樹膠、其次爲米、椰子、碩莪、烟草、藤等、農業不但供給北婆羅洲居民之衣食、且供給政府以莫大之收入、當十八世紀時、曾加烟葉需要甚殷、北婆羅洲極力栽種烟葉、因此烟葉得佔重要出口品之一、歷數年之久、及至本世紀以來、樹膠事業極其發達、北婆羅洲又努力從事栽種膠樹、迄今樹膠仍佔出口品之首位、據一九三七年之報告、北婆羅洲耕種主要農產之面積爲二八一、四六四英畝、較一九三六年減二〇、五二五英畝、茲將主要農業栽種面積列表於下：

各種主要農作物之栽種面積表　單位面積英畝　據農業局年報

作物名稱	一九三五年	一九三六年	一九三七年	比較增減（英畝）
樹膠	一二六、六四〇	一二六、六四〇	一二六、六四〇	——
米	七六、一二八	一〇六、四五〇	八四、〇八九	減 二二、三六一
椰子	五一、五〇〇	五二、一七一	五二、二八八	增 一一七
碩莪	一三、九九四	一三、九九四	一三、九九四	減 五三
烟園烟草	七五	二六六	三四〇	增 七四
藤	——	二、四六八	四、一六六	增 一、六九八
總計	二六八、三三七	三〇一、九八九	二八一、四六四	減 二〇、五二五

地方別主要農作物生產狀況表　單位面積英畝　據北婆羅洲農業局年報

地方別	一九三三年		一九三四年	一九三五年		一九三六年	
	栽種面積	產量	栽種面積	栽種面積	產量	栽種面積	產量
水稻（產量單位千擔）							
斗湖	一二三	八、一四三	一二一	三九	一、一七〇	—	—
山打根	四六二	一四三、五七七	六七二	七八五	八七、七八〇	六五七	—
西海岸	三五、〇四八	六、二六二、四七七	三五、三五七	三二、二五一	三、五七五、三〇〇	三五、九一七	—
中部	八、一九〇	二、四五六、五〇〇	八、一八五	八、八一三	二、六八七、五〇〇	八、五一〇	—
合計	四三、八二三	八、八七〇、六九七	四四、三三五	四一、八八八	六、三五一、七五〇	四五、〇八四	—
陸稻（產量單位千擔）							
斗湖	一、二三九	四六、四〇一	一、三五三	一二五	四五、四六五	二九一	—
山打根	一〇、七五八	一、九五一、八〇〇	一三、六六八	一五、四八三	一、九三六、三五七	一五、五二七	—
西海岸	九、七〇七	一、七三六、六八〇	一四、四四八	八、一四三	一、二〇九、八〇〇	八、六五四	—
中部	一一、〇五〇	九八五、〇〇〇	一一、〇三五	一〇、五〇〇	一、一六六、〇〇〇	一〇、五八〇	—
合計	三二、七五四	四、六八九、二九一	四〇、五〇四	三四、二五一	四、三五七、六二二	三五、〇五二	—
煙草（產量單位磅・大小葉並計）							
斗湖	一七、二〇七	四、八三〇、八二七	一七、六二〇	一七、八二〇	一三、八一五、九八三（一）	—	—
山打根	一九、三三七	四九七、三三八	一七、四七一	一七、四七一	二、五八四、五六七	—	—
西海岸	七一、五五四	八、二四六、八九五	八一、五九七	八一、五九七	一四、七三七、九八〇	—	—
中部	三六、八〇四	一六五、九〇〇	九、九六三	九、九六三	（工）	—	—
合計	一四四、九〇二	一三、七四〇、九六〇	一二六、六五一	一二六、八五一	三一、一三八、五三〇	—	—

（註）（一）一九三五年數字為輸出額與存貨額之和、（工）包括在西海岸項內

870

樹膠輸出額表

年次	輸出數量（磅）	金額（叻元）
一九三三年	一七、四三四、九五三	一、五三四、二七八
一九三四年	二四、八六八、〇五四	四、八六六、五二三
一九三五年	一九、八六七、〇一九	三、七八三、四七六
一九三六年	一八、三一七、九六四	四、二五〇、五七一
一九三七年	二九、五九六、八二〇	八、七八六、七七一
一九三八年（十一月止）	二〇、七九七、三三五	—

種稻之面積表（一九三七——三八年份）　單位英畝　（據行政報告）

地方別	水稻 一九三七年	水稻 一九三八年	陸稻 一九三七年	陸稻 一九三八年	合計 一九三七年	合計 一九三八年
東海岸州	六八〇	一、五七三	三〇、〇三六	三〇、五〇二	三〇、七一六	三二、〇七四
西海岸州	四二、四七七	四二、二二五	一九、一九七	一八、〇四八	六一、六七四	六〇、二七五
總計	四三、一五七	四三、七九七	四九、二三三	四八、五五〇	九二、三九〇	九二、三四七

871

米之生產及輸入額表　單位擔（據農業局年報）

年別	穀之產額（擔）	米輸入額（擔）
一九三一年	三二八、五五六	二〇八、二六〇
一九三二年	四六三、八一六	一四五、二九四
一九三三年	四一三、九三九	一七九、四一一
一九三四年	五一五、八〇二	二二八、六二四
一九三五年	三二一、一九〇	二四八、〇二三
一九三六年	二七八、二一一	二八九、七〇八
一九三七年	三八一、〇七四	二三二、七一二

各地椰子之栽種面積及產額表（一九三七年份）

地方別	栽種面積（英畝）	椰乾產額（擔）	椰油產額（擔）	椰子產額（個）
斗湖州	二〇、六五八	八五、二四五	二、一七五	一六、八三四、三五六
山打根州	二二、三九〇	五六、二一五	二二五	三、三五九、三九一
西海岸州	九、二一八	七、九九三	一、七一九	一、七七八、二三二
中部州	二二	—	—	—
總計	五二、二八八	一四九、四五三	四、一一九	二一、九七一、九七九

各地碩莪之栽種面積及產額表

地方別	栽種面積（英畝）		碩莪產額（磅）	
	一九三五年	一九三七年	一九三五年	一九三七年
打里西	七、八〇六	七、八〇六	一、六八七、九五七	八、六二〇・二六七
保佛	四、一八六	四、一八六	二六、六六六	八、〇〇〇
吧巴	八三七	八三七	八六六、六四五	七五一、〇〇〇
亞庇下南 南孟加達	三五〇	三五〇	七〇〇	四〇〇、〇〇〇
必打丹	六六〇	六六七	六、六六七	一三、三三三
斗子蘭	三一	三一	二、〇〇〇	—
古打毛律	五八	五八	一一三、三三一	一一〇、〇〇〇
其他	六八	—	—	—
總計	一三、九九四	一三、九三三	二、七〇二、九六六	九、五四四、六〇〇

（註）京那峇丹干一九三七年之栽種面積八英畝、產額二千磅

中部州煙草栽種面積及生產狀況表

面積（英畝）		生產量（磅）	
一九三六年	一九三七年	一九三六年	一九三七年
二六六	三四〇	二五〇、一五六	四〇七、〇八一

873

馬尼剌蔴及蔴皮輸出額表（據農業周年報）

年份	產蔴重量（擔）	蔴金額（叻元）	蔴皮重量（擔）	蔴皮金額（叻元）
一九三五	三、六九一・四六	一四、七六四	二九一・九五	五八八
一九三六	四、二六〇・六二	三七、二一一	—	—
一九三七	八、六二五・一〇	一〇一、九六八	一二〇・二四	七二一

胡椒之輸出額表

年份	重量（磅）	金額（叻元）
一九三五	四、四二〇	七四二
一九三六	八、四五七	一、〇五七
一九三七	七、八五五	九九七

咖啡之輸出入額數表

年份	輸入數量（擔）	輸入金額（叻元）	輸出數量（擔）	輸出金額（叻元）
一九三五	一、八八四・三一	三三、七九七	三・六九	六〇
一九三六	一、二六七・八五	二〇、三九一	一・三三	六七
一九三七	一、五五五・八七	二八、四九六	一・八二	五六

（乙）林業

北婆羅洲之森林以常綠闊葉樹爲主要林木、屬於龍腦香科、荳科、樟科之林木、又爲林業之主要產品、針葉樹爲數極少、據云沿岸二十哩內之地域、有二百萬英畝以上之商業林、木材種類之多又繁不勝言、北婆羅洲木材之主要市場爲日本、其次爲香港、英國及中國、茲將歷年木材輸出額列表如下

歷年木材輸出總量表　單位立方呎　（據農務局年報）

年份	輸出量	年份	輸出量	金額（單位叻元）
一九二八年	三、〇三三、二九四	一九三三年	四、五七一、七一三	（二、二七一、一〇三）
一九二九年	三、四九七、五三九	一九三四年	四、八六一、五八一	（二、二五六、六八一）
一九三〇年	二、五二五、四五二	一九三五年	四、七七一、六七六	（二、二一七、六九三）
一九三一年	四、五二四、六五一	一九三六年	五、七九四、六八五	（二、五九三、四八〇）
一九三二年	四、二四一、〇四一	一九三七年	六、二七二、〇一一	（二、八四二、一八九）

一九三七年各級木材輸出量表　單位立方呎

級別	圓材	其他	總計	佔總輸出之%
第一級木材	二八二、七四三	九二、二〇一	二九一、九六四	四·六五五
第二級木材	五八六、二五六	二七、四一四	六一三、六七〇	九·七八五
第三級木材	二五三、四四五	一〇八、五三一	三六一、九七六	五·七七一
第四級木材	四、二七七、五四三	七二六、八四〇	五、〇〇四、三八三	七九·七八九
第五級木材	一一	七	一八	—
總計	五、三九九、九九九	八七二、〇一三	六、二七二、〇一一	一〇〇·〇〇〇

一九三七年木材國別輸出額表　單位數量立方呎

國別	圓材數量	鋸材數量	總計數量
澳洲	二四八、八五〇	一八、八〇六	二六七、六五六
非洲	一二、七六三	八八、四三〇	一〇一、一九三
英國	五七六、三一五	三三一、〇七一	九〇七、三八七
中國	二九八、七七八	二七〇、七九五	五六九、五七二
馬來聯邦	四、六二七	一六、二九九	二〇、九二六
德國	八、六八六	七、六五六	一六、三四二
香港	一、一一三、二六五	一二七、〇四五	一、二四〇、三一〇
日本	二、九九九、二〇四	一、三九八	三、〇〇〇、六〇二
朝鮮	一一八、〇三七	—	一一八、〇三七
菲律濱	—	九、六一六	九、六一六
其他各國	一九、四七二	八九七	二〇、三六九
總計	五、三九九、九九七	八七二、〇一三	六、二七二、〇一一

其他各國之輸出量如下：（一九三七年份）

國別	圓材	鋸材
比利時	一七、三三八	—
荷蘭	一、五〇〇	—
砂勝越	—	六〇九
美國	—	三五二
（船舶用）	—	三七

（丙）鑛產

婆羅洲全島之鑛產物計有金、金鋼鑽、銀、鉛、銅、銻、辰砂、石炭、鐵及石油、大部份產於南婆羅洲及砂勝越、北婆羅洲所產者祇金與石炭而已、

石炭產於西海岸之威士甸（Weston）山打根灣、馬路都灣、及柯威灣之內地一帶、數十年來向由柯威灣石炭公司（Cowie Harbour Coal Co.）所採掘、石油各地皆有發現、尤以克里斯半島（Klias）古達及柯威灣附近為最多、石油之採掘權向歸北婆羅洲石油公司（British Borneo Petroleum Syndicate）所有、

（丁）進出口業

北婆羅洲起始與各國之貿易、早在數百年前、惟貿易之繁榮乃在北婆洲公司成立以後、歷年均能維持巨額出超之地位、至一九〇〇年時國際貿易曾一度發生入超、嗣後復轉為出超、以迄今日仍居出超地位、玆將貿易情形列表於後：

377

國外貿易表　單位叻幣元　（據行政報告）

年別	總額	輸入額	輸出額	出超額
一九一五	一一、八九八、九四一	四、四七九、八四七	七、四一九、○九四	二、九三九、二四七
一九二○	二三、○五八、五四二	一一、○○九、四七一	一二、○四九、四七一	一、○四○、○○○
一九二五	二五、一八四、五六八	七、三二三、四二一	一七、八六一、一四七	一○、五三七、七二○
一九三○	一五、二七八、八六三	六、三八三、三八八	八、九九五、四七五	二、六一二、○八七
一九三三	九、三九九、五九五	三、三七七、九四三	六、○二一、六五二	二、六四三、七○九
一九三四	一四、一○六、○二○	四、四二一、九八八	九、六八四、○三二	五、二六二、○四四
一九三五	一二、五七四、三四二	四、七五五、一九○	七、八一九、一五二	三、○六三、九六二
一九三六	一三、七九○、四三四	四、八○四、六六八	八、九八五、七六六	四、一八一、○九八
一九三七	二○、六六七、二六一	六、三六一、九三九	一四、二九五、三二二	七、九三三、三八三

查中國與北婆羅洲之貿易、貨物種類有限、進出口數字不多、但近五年來之趨勢、均爲入超、茲將中國與北婆羅洲歷年進出口貿易總值、列表於｜：

（國幣千單位）

年份	中國進口總額	中國出口總額	北婆羅洲所佔部份 進口	北婆羅洲所佔部份 出口	入超或出超
一九三七年	九五六、二三四	八三八、七七○	三、三六二	一一	入超　三、三五一
一九三八年	八九三、五○○	七六三、七三一	六九七	六	入超　六九一
一九三九年	一、三四三、○一八	一、○三○、三五九	七二四	一六	入超　七○八
一九四○年	二、○四四、三六五	一、九七六、○七一	六二八	一○四	入超　五二四
一九四一年（一月至十月止）	二、一八二、一八○	二、五八六、八○九	五○二	一三四	入超　三六八

第九章　砂勝越

一、位置與面積

砂勝越（Sarawak）位於婆羅洲之西北部、佔北緯一度至五度、東經一〇九度四四分至一一六度之位置、東西南三面鄰接南婆羅洲、東北面銜接北婆羅洲、西北面爲中國海、東北端及北婆羅洲之間、則有汶來王國、

砂勝越之長度約爲四五〇英哩、最闊處約一二〇英哩、總面積則爲一二九、四九五平方千米、約合五萬平方英哩、

二、人口

茲據一九三五年之砂勝越行政年報調查所得、人口總計約爲四十四萬二千九百人、人口之密度每一平方英哩平均爲八・八六人、其分佈情形分析如左：

第一行政區　馬來人及陸上達亞克人、爲一二五、四〇〇人、

第二行政區　馬來人及海上達亞克人、爲七八、〇〇〇人、

第三行政區　馬來人海上達亞克人及馬拉納人（Melanaus）及腹地之加燕人（Kayaus）肯耶人（Kenyahs）與普南人（Punans）、人口共爲一三六、四〇〇人、

第四行政區　岷都汝（Bintulu）、爲馬來人馬拉納人海上達亞克人加燕人及普南人、巴藍（Ba

ram）、爲馬來人海上達亞克人加燕人肯耶人普南人加井人（Kajangs）及同族、林彭（Limbang）及萊瓦士（Lawas）、爲馬來人海上達亞克人木如人（Muruts）克拉畢人（Kelabits）克打洋人（Kedayans）卑莎人（Bisayahs）及他牙爾人（Tagals）、

華人　關於居留砂嘮越之中國人口、至今猶無準確之調查、但其數不下數十萬人、已爲世人所公認、茲將其分佈狀況及職業情形列表如下：

籍貫	分佈區域	主要職業
福建	古晉及全境	貿易
福州	雷章河及巴藍	農業
潮州	古晉西曼干及全境	貿易
廣東	泗里奎（Sarikei）及米里（Miri）	農業及米里油田之勞作
客家	全境	農業

在砂嘮越與其他南洋羣島各地完全一致、種種繁榮均應歸功於華人之勤勞、不但砂嘮越之大部份進出口貿易掌握於華人手中、金及胡椒等重要商品之產生、亦大半出自華人之手、除樹膠事業之外、其他各種發展於居民間之職業、莫不有華人之足跡在焉、

其他居民　其他居民計有西人、印度人、日人及爪哇人等、

三、簡　史

查關砂朥越之古代歷史、傳說紛紛、莫衷一是、惟最初侵入者爲華人、此爲公認之事、繼而侵入者爲爪哇麻約帕佛教帝國之遠征隊、當麻約帕帝國爲回教之馬來人所滅時、汶來王國亦於一四七八年停止貢稅、於是砂朥越遂成爲汶來王國領地之一、在一五二一年之後西人始來訪婆羅洲、當時婆羅洲仍爲一黑暗之世界、直至詹姆士勃洛克來訪爲止、一切情形均在野蠻與混亂之中、玆將其歷史年代記摘如後：

歷史年代記摘要

十五——十九世紀初	汶來王國統治時代
一八三九年	詹姆士勃洛克（James Brooke）訪問砂朥越
一八四一年	砂朥越王國完成建國之基礎
一八四六年	宣言獨立
一八四八年	基督教傳入砂朥越
一八五五年	創立最高會議
一八五六年	設立婆羅洲公司
一八五七年	吾國人因不堪各種壓迫而羣起反抗
一八六五年	召開第一次國民會議
一八八八年	正式成爲英國保護國

四、產業及貿易

（甲）農　業

查砂勝越之農業、向以種植膠樹爲主、而胡椒碩莪椰子等次之、在農產品出口總額之中、樹膠出口額竟佔十分之七八以上、由此觀之、樹膠一項現佔砂勝越農業中之首位、其種植之面積：（甲）已過割期者一九三、八七一英畝、（乙）未屆割期者一七、〇四三英畝、

樹膠歷年出口數額表　（據砂勝越商務關稅報告）

年次	數量（擔）	價額
一九三四年	二九七、三二三	七、〇五四、五一七元
一九三五年	三三三、一九〇	七、九六二、八五一元
一九三六年	三六〇、四五六	一一、五四八、六八九元
一九三七年	四四五、五三二	一七、二八一、七六六元

胡椒有黑白兩種之分、黑者價賤而白者價昂、種植面積約佔四、〇〇〇英畝、產額亦頗可觀、茲列表如下、

黑白胡椒歷年出口數額表　（數量單位擔）

年次	白胡椒數量	價額（元）	黑胡椒數量	價額（元）
一九三四年	七〇、〇五〇	二、九一一、七八七	八、七三六	一一七、八八七
一九三五年	二四、四三一	五八二、八二六	四、七七〇	四九、七四五
一九三六年	三〇、一二二	五一二、九二二	三、八二七	二八、四八八
一九三七年	三三、九六六	六〇八、五二七	二、五六六	二二、五七二

碩莪大都產於砂勝越中北部之海岸地帶、種植者多半爲馬拉納人、製粉販賣、則爲華人所壟斷其種植面積約佔八萬英畝左右、茲列表於下：

碩莪粉歷年出口數額表

年次	出口數量（擔）	價額（元）
一九三四年	二八九、一〇七	五四〇、七七二
一九三五年	三二五、三七四	七一七、九四七
一九三六年	三八〇、五三三	九七二、八三〇
一九三七年	三八八、六四〇	一、一七〇、九六〇

椰子在砂勝越農產品出口額中、亦佔相當之重要地位、其種植面積約二一、〇〇〇英畝、大都產於第一、第二及第四行政區、園主百分之七九爲華人、百分之一五爲馬來人、餘者爲西人或其他各族人等、茲將椰乾出口情形列表如後：

椰乾歷年出口數額表

年次	出口數量（擔）	價額（元）
一九三四年	四一、三七五	六七、四二八
一九三五年	四六、五七九	一四〇、四三四
一九三六年	五一、七七一	二二六、〇四五
一九四七年	五一、六三三	二五一、四八八

（乙）林業

砂朥越境內可採用之木材極多、其森林分爲海濱林及腹地林兩種、腹地林又分二千英尺以下之低地林、及二千英尺以上之高地林、概爲國有、並無其他種種防礙、於繳納特許費後、即可採伐之、政府特許採伐之木材、年產額爲一三、三〇一噸、薪材爲二一、八七五噸、木炭材料爲一、四五七噸、林務局所採伐者或處理者年約一六、五〇一噸、薪材六六、三七五噸、木炭材料三、五〇〇噸、玆將出口木材數額列表如下：

木材出口數額表

輸出地	一九三四年	一九三五年
婆羅洲諸港口	一、〇八五（噸）	一、六三八（噸）
昭南	四六七	一、五八五
中國	二二三	五六四
英國	三九九	九〇五
南非洲	——	七四
總計	二、一七四	四、七六六

（丙）鑛　業

砂朥越之鑛產極豐、除石油以外、其他鑛產大部未加開採、故石油一項實爲砂朥越產業中之唯一富源、米里油井早已著名於世、其產量之豐、戰前足供英國駐東亞海軍之用、茲將產油狀况及貿易情形列表於下：

砂朥越石油出口數額表（一）（數量單位噸）

年次	石油精數量	出口價額（元）	煤油數量	出口價額（元）
一九三四年	九一、七〇八	一、九三五、一四九	一三、六三一	一五七、一八〇
一九三五年	七〇、一三六	一、五三八、五八一	四〇、三九五	六四五、六四二
一九三六年	五二、七七五	一、四〇四、五六四	三七、七〇五	七二〇、七〇三
一九三七年	六四、〇六九	一、八七三、九九八	四四、〇九一	九二八、三一九

砂朥越石油出口數額表（二）（數量單位噸）

年次	液體燃料數量	出口價額（元）	重油數量	出口價額（元）
一九三四年	四三三、六六〇	三、三三一、六九二	九三、三三七	七一九、六一二
一九三五年	四五九、四五九	三、七三八、三二四	九六、二一八	六八四、七四九
一九三六年	四六五、九八四	三、八五一、三二四	一一七、五五四	九七一、九九七
一九三七年	五八三、三六一	一、九七八、〇九四	二五、〇六七	一九八、二八七

（丁）進出口業

砂朥越之進出口業、大有逐年增加之勢、至一九二九年世界經濟不景氣重行降臨時、樹膠及其他物價無不暴跌、砂朥越之貿易遂又突然低減、自一九三三年後復稍回升、至一九三六年共進出口總額為四二、八一九、三八六元、玆將近年來之貿易情形列表於下：

砂朥越近年海外貿易數額表

年次	進口額	出口額	貿易總額
一九三一年	一〇、三八五、〇五六	一七、四一四、六七二	二七、七九九、七二八
一九三二年	九、六九八、八〇八	一三、五七三、八七二	二三、二七二、六八〇
一九三三年	一一、三四八、六二二	一四、三三五、八九八	二五、六八四、五二〇
一九三四年	一三、九五九、四四〇	二一、四五八、〇三三	三五、四一七、四七三
一九三五年	一六、四八四、〇七九	二一、一〇九、二六四	三七、五九三、三四三
一九三六年	一八、二六一、五三五	二四、五五七、八五一	四二、八一九、三八六
一九三七年	二二、八九九、四一五	三二、六九一、二四七	五五、五九〇、六六三

第十章　汶來

一、地理與位置

汶來（Brunei）昔爲婆羅洲西海岸之英屬土王國、位於北婆羅洲及砂朥越王國之間、佔北緯四度五分至五度二分以及東經一百十四度七分至一百十五度廿二分間之土地、全面積爲六、四七五平方千米或等於二、二二〇平方英哩、海岸線長約一百二十英哩、除海岸附近及各河川流域之小平原外、腹地皆屬大森林及山岳地帶、國境附近則鄰接於砂朥越巫魯（Mulu）山脈之高原、

二、人口

據一九三一年之調查、汶來王國之人口總額爲三〇、一三五人、其中馬來人佔二六、九七二人、華人佔二、六八三人、故其人口密度爲每一平方千米爲四・六五人之比例、

三、行政區域

汶來王國按行政上之目的共劃分爲五區、即汶來、勿撈亦（Belait）、株多、（Tutong）、淡布倫及麻拉（Muara）、首府設於汶來市、蘇丹（Sultan）之王城、以往英國之參政司署、均曾在此間、

四、產業與貿易

（甲）農業

汶來王國之產業不多、足爲世人道者、惟農鑛兩業而已、查其主要之農產品爲樹膠、碩莪及米等數種、樹膠種植之總面積、據一九三四年之統計約在一四、〇〇〇英畝以下、出口數額達一、六一一噸、價值六七一、九〇〇元、碩莪爲土人之主要食料、曾受賤價之影響、種植方面亦有愈下之勢、據一九三五年之統計、出口數額達二、六〇三擔、價值六、一七七元、汶來王國之米產額僅等於其消費量之極少部分、故政府當局向來銳意指導、並奬勵增加生產、據一九三五年之統計、該國稻田之面積約五千英畝、產米約六十萬擔、但產量僅等於消費之六分之一左右、據一九三五年之進口數量、爲四八、四二〇擔、價值一八七、四二一元、

(乙) 鑛業

汶來王國之主要鑛業爲石油及石炭兩種、一九二四年英屬馬來石油有限公司(The British Malayan Petroleum Co.)獲得拉卑(Labi)一帶之石油開採特許權、開採失望後、又發現在勿撈亦市西北部約十英里之西利亞(Seria)油井、公司本部即設於此、不久以後、該油井遂成汶來王國主要產業之一、足與砂嘮越之米里油井媲美、據一九三五年之出口數量、原油爲四四一、七四四噸、天然煤氣爲四六四、七〇三、九一七立方英尺、據調查所得、計有油井三十六口之多、

汶來王國之石炭蘊藏量亦頗豐富、例如廝拉炭山、業經繼續開採已達二十七年以上、據技師之調查結果、認爲炭層有特殊性、不宜大規模之開採、據一九三五年出產之石炭數量達八三八噸、大都供給國內之消費、無甚輸出耳、

兒茶（Cutch）係自樹皮中抽出，以作染色及鞣革之用者，爲該國唯一之工業，在一九三五年輸出額爲二、五七五噸，價値一七七、九一〇元，製造兒茶之樹皮大都由國外供給，叢生於婆羅洲沿岸沼澤地帶之紅樹（Mangrove）樹皮即佔其主要部分，從事此種工業之工人，則全爲汶來人，此外尙有主要之土人工藝品，有銀器，黃銅器，絲紗籠，及棉紗籠等四種，

（丁）進出口業

查汶來王國之貿易總額，逐年增加，據一九三五年之貿易總額爲六、一二四、九九八元，該年之進口數額爲二、四一五、四九九元，出口數額爲三、七〇九、四九九元，較之上年各方均見增加，玆將主要進口數額列表於左：

主要出入口商品價額表（一）　（據汶來王國政府年報）

品名	單位	數量 一九三四年	數量 一九三五年	價額（元） 一九三四年	價額（元） 一九三五年
入口					
食料飲料及烟草					
米	擔	四三、〇〇六	四八、四七二	一三一、八〇五	一八七、四二八
其他穀類	擔	六、〇五〇	四、八八八	一〇、一三三	一五、四九九
牛乳	箱	三、二二〇	三、三四六	三八、五一〇	二六、九一四
鹽	擔	二、三五三	二、八二七	一、七〇一	一、八八五
砂糖	擔	一二、〇八九	一一、七二四	五四、五八五	四八、六五三

主要出入口商品價額表（二）（據汶來王國政府年報）

品名	單位	數量 一九三四年	數量 一九三五年	價額（元） 一九三四年	價額（元） 一九三五年
烟草	磅	八七、三〇九	九六、八二八	八二、九一七	九二、一一五
食品	—	—	—	一八〇、〇一二	一一六、八五二
粉	袋	一二、五九〇	一二、四三六	二〇、三四五	二〇、八五二
椰油	罐	四、四三四	四、〇四八	八、七四〇	一〇、一七八
咖啡	擔	九六六	一、一七七	一八、〇九七	一九、〇二〇
火酒	加侖	一〇、二一三	一、五九七	二七、九六五	一九、一四九
Arrack	加侖	三七五	六一二	九三八	二、〇七四
啤酒	加侖	—	六、五八四	—	一三、三六八
魚乾	擔	六五七	六〇五	六、一五二	七、四一四
家畜類	—	—	—	—	一、六二二
原料品					
石油	加侖	一四三、四一〇	一八二、一七二	六七、六一九	八二、一一四
木材	—	—	—	五〇、三八八	五四、八〇〇
燃料油	加侖	一九、〇九九	二九、六〇一	六、六五〇	七、一五八
精製品					
汽車	輛	—	—	二一、九三二	三七、九九八
染色棉製品	—	—	—	七六、三八〇	七九、一九二
紡織品及絲	—	—	—	一〇、五一三	九、二六八
紗籠	—	—	—	二一、〇九一	二一、五九三
機械類	—	—	—	五九八、三〇五	三九四、〇〇一
鴉片	兩	七、〇〇〇	七、四〇〇	一四、七〇〇	二二、二二〇
火柴	箱	一、一四七	一、二五三	六、〇四九	六、八五六
士敏土	噸	五八〇	一、九五一	一〇、九七六	二二、三〇五
雜品	—	—	—	二九五、三六五	六四九、三〇四
硬幣及金銀	—	—	—	一三五、四七一	四二一、四四〇
總計	—	—	—	一、八八七、三三九	二、四一五、四九九